用对时间
做对事
赚大钱

[美] 丹·肯尼迪 (Dan Kennedy) 著
鲁刚伟 何伟 译

NO B.S. Time
Management for Entrepreneurs

中国社会科学出版社

图书在版编目（CIP）数据

用对时间，做对事，赚大钱/（美）肯尼迪著；鲁刚伟、何伟译. —北京：中国社会科学出版社，2009.4（2009.9 重印）

书名原文：No B. S. TIME MANAGEMENT FOR ENTREPRENEURS

ISBN 978-7-5004-6586-7

Ⅰ.用… Ⅱ.①肯…②鲁…③何… Ⅲ.企业管理-时间学-通俗读物 Ⅳ.F270-49

中国版本图书馆 CIP 数据核字（2007）第 185908 号

责任编辑　路卫军
责任校对　王兰馨
责任印制　戴　宽
封面设计　久品轩

出版发行　中国社会科学出版社
社　　址　北京鼓楼西大街甲 158 号　　　　邮　编　100720
电　　话　010-84029450（邮购）　　　　010-64031534（总编室）
网　　址　http://www.csspw.cn
经　　销　新华书店
印刷装订　三河市君旺印装厂
版　　次　2009 年 4 月第 1 版　　　　印　次　2009 年 9 月第 2 次印刷
开　　本　700×1025 毫米　1/16
印　　张　12
字　　数　129 千字
定　　价　28.00 元

听听别人是怎么评价本书的

自 6 月中旬以来，我已经读了三遍《用对时间，做对事，赚大钱》一书。书中提出的几个策略让我大受裨益：我自己也制订了"时间锁定"日程表；我把接打电话的时间减少到了最低限度，而且把电话事务"集约化处理"；我把每天的工作都和目标联系在一起；我重新安排了某些事情，比如，每星期都避开高峰时间往返研究中心。我 7 月的收入超过了 2 万美元，而不是当初设定的 1 万美元目标。我知道，很多人会认为这种收入水平不过是小菜一碟，但是，对我而言，却是个飞跃，这在只有一个人运作的企业中是空前的。只是说声谢谢，确实不足以表达我对你的感激之情。

——阿林·伊科尔，犹他州

人们常常问我——"托尼，你是作家、商人、现场培训师和多个组织的领导者，还是三个孩子的父亲，而且体型保持得很好，你是怎么实现这一切的？"我的答案就是：丹·肯尼迪的这本书！每六个月，我就重读一遍。令人惊奇的是，虽然我在工作上花费的时间更少了，可我的收入却持续攀升。丹·肯尼迪的建议可以让每个人都成为时间的主人，而不再是时间的奴隶。

——托尼·卢布斯基，密执安州

多年来，我像所有从事抵押贷款行业的人一样，每天 24 小时、每周 7 天一直保持待命状态，遵循丹·肯尼迪在本书中提出的策略，我彻底改变了商务运作的方式和接触客户的方式。我的改变不但使我的商务生活更富乐趣，而且还让我找回了以前的美好生活，同时，我的收入也获得了成倍增长，并从优秀的客户那里赢得了更多尊重。

——特蕾西·陶勒森，亚利桑那州

我是萨姆·贝克福德，33 岁。1995 年，我和妻子瓦莱丽从零开始创建了一个舞蹈健身房，当时，我们没钱、没有投资者，也没有签约的教练，只有债务。但在短短八年的时间里，我们已经开设了三个舞蹈健身房，学生超过了 2800 人。每个舞蹈健身房每年都会为我们带来 10 万美元的利润。现在，我们已经可以轻轻松松打理生意了。此外，我们每年还要举办两次大型讲座，并为其他同业者提供全程教练服务。一年中的大部分时间，我们都是在家里的办公室工作的，每周只去舞蹈健身房三四次，我们可以轻松享受美妙的假期，即使我们不在，一切也都能顺畅运行。对我来说，丹·肯尼迪是个不可多得的卓越导师和榜样，不单单是因为他拥有出色的市场行销能力，还因为他驾轻就熟地掌控自己的时间、企业和生活的方式。

——萨姆·贝克福德，温哥华，加拿大

目　　录

前　言

你已经晚了。

——尤吉·贝拉（美国著名棒球明星）

优柔寡断的人和软弱无能的人请注意，这本书不是为懦夫写的，也不是想讨好你，更不是为哗众取宠。

你之所以拿起这本书，很可能因为你就是个企业家，你的时间对你来说无比宝贵，而且你常常因为时间的短缺而疲于奔命、心力交瘁。

如果你很了解我，你也会拿起这本书，因为你很想知道，我是怎样把时间管理得如此高效的；那些看似非常熟悉我生活的人，多次问我到底是怎么有效管理时间的？现在，我就要坐下来把答案提供给你们了——那就是这本书；如果你对我一无所知，那么，读完本书的前言之后，你对我的时间管理方法也许会更好奇。如果你很了解我，你可以跳过前言部分读下去。

作为一个忙碌异常的企业家，你有时候可能忙得近乎癫狂，可能每时每刻都埋头于各种各样的事务中。同时，你的周边总是围着一群行动比蜗牛还迟缓的蠢货，相信我，我很理解你的处境和需要，我也很清楚你时常遭受挫败的感觉。企业家的时间是非常宝贵的。所以，在这里我要告诉你，如何采用异乎寻常的手段，来满足那些对时间的迫切需求。确实，这些手段的确异乎寻常，而且可能有些"极端"，以至于别人会对你神志是否清醒产生怀疑。不过要知道，这不是写给端坐在书桌前的书呆子们看的普普通通的书，也不是写给那些只干一项工作的人的书，而是写给那些有多个头衔、富有创造力、善于把握机会的人的，这些人无法推卸还在不断压上肩头的责任，他们有很多美妙的想法，不过常常苦于没有足够的时间和资源去实施，他们每天一路小跑（而不是四平八稳地走）。我就是这样的一位企业家，所以，我就是你，而这本书就是我们的行为指南。

正如你早就发现了的，时间是所有企业家所拥有的最宝贵的资产。时间可以用来解决问题，可以用来发明、创造、思考和制订计划；时间可以用来收集、消化信息；时间可以用来提升销售水平，可以用来进行市场拓展，可以用来管理，还可以用来获取利润水平的突破；时间可以用来建立关系网络……或许，没有一天你不得不把某些事情暂时搁置起来，无奈地对自己说："如果我能有哪怕一小时的时间来处理这个问题，我们的企业也会全然不同的。"好了，现在，我就要给你那个"一小时"了。不过，我们一起讨论的可远远不只是如何挤出一小时时间的问题，我们要做的是如何让你彻底改变自己与时间的关系。

在超过25年的时间里，我一直处于"高压"的状态下，像一根紧绷的钢丝一样，一直陷于难以脱身的企业事务之中——创业、购并、发展、销售、运营成功和失败、濒于破产、财源滚滚，而且还要帮助数百个不同领域的客户取得成功。这些年的历练让我确信，使人们能将个人成功、财富成功以及企业成功集于一身的唯一"秘诀"就是：恰当地管理自己的时间或不让他人滥用你的时间。也就是说，你利用时间的效能水平是你是否成功的决定性因素。所以，本书的诉求，就是要让你最高效地管理自己的时间。

只要想到如何高效利用时间这个问题，你就已经朝正确的方向前进了一大步，清楚的认识总能给我们带来很多帮助。为什么你在赌场的墙上找不到挂钟呢？他们这么做是有充分理由的——那些家伙在窃取你的钱财时，不想让你知道，你的时间同时也在悄然流逝。他们的招数给我们带来了一个重要的启示：你要留意，而且要时刻留意，时间正在悄无声息地从身边溜走。所以，能非常清楚地意识到时间正在一分一秒地逝去、每时每刻都有其宝贵的价值是明智的。不妨在你工作的所有场所都放上一个走时准确、非常容易看到的大个头"滴答作响"的挂钟，如果你在电话上耗费了太多的时间，你可以在电话旁放一个计时器。

除了认识到时间的价值以外，对那些忙碌不堪、压力沉重的人来说，还可以利用得当的策略、方法、程序和工具，在自己紧张的时间表中"撬开一条可以自由呼吸的缝儿"，迫使他人满足你这种不同寻常的需要，从而，每天挤出一点点时间。在本书中，我会告诉你我屡试不爽的招数。毫无疑问，其中的某些策略和工具会让你兴趣倍增，有些则可能让你兴味索然，有些甚至可能遭到你的抗拒。不过，都没关系。尽管雇用一位顾问却只选取他锦囊妙计中自己感兴趣的一条建议并不是什么好主意。但我们这本书实际上是一家"自助餐厅"，你当然可以根据自己的"口味"来选择"食物"，同时依然觉得钱花得值。

好了，我们该开始工作了。

——丹·肯尼迪

又及：本书最初的版本写作并出版于 1996 年。对我来说，很多情况至今已发生了变化。我不再像个疯子似的不断旅行，每个月的旅行时间，从平均 20 天的"癫狂"状态，减少到了平均四五天，有很多月份，我一次都没有外出旅行。为了减少旅行，我彻底重组了我所有的企业，最近，我还卖出了一家企业。从很多方面来说，我的责任减少了许多，当你读到这里的时候，我的数百名"核心集团"的会员即将在我 49 岁的时候，为我举行半退休庆典。请注意"半"这个字。也是在本书的第一版面世以后，我被诊断出了糖尿病，为此，我的体重减轻了 45 磅，而且这一体重已经保持了三年。截止到现在，通过营养膳食、节食和锻炼，我把病情控制得很好，没有服用处方药。同时，我还在让自己极为痴迷的活动上大幅度增加了时间和精力的投入，这个活动就是轻驾赛马。在这八年的时间里，我一直拥有 16 到 20 匹赛马，而且大部分的周末我都会出去参赛。当然，这段时间也让我与上帝接近了八年。就像尤吉·贝拉说的，你已经晚了。

那么，我在本书中表述的对时间的态度和信念是如何变化的呢？其实也没什么，如果说有什么特别的话，那就是时间的悄然流逝，彻底坚定了我捍卫自己的时间不受侵犯、明智地支配自己的时间以及要享受时间自由乐趣的决心，此外，对任何窃取我的时间、浪费我的时间或者滥用我时间的人，我都会怒目以对。

时间的流逝是如何改变我的时间支配策略的呢？我知道，我只有更具紧迫感，才能更有战斗力。我想，在其他方面我可能已经变得很成熟、很温和了。但是，涉及时间问题时，我从来都是斩钉截铁的。所以，本书忠实反映了我现在的思想，展现了我目前遵从的时间安排策略，这些想法和策略今天尤其富有可操作性。我想，它们比最初形成的时候要重要得多，也有价值得多。

本书的第一版出版以后，发生的一个重大变化就是我的客户、"核心集团"的会员和读者——我本书以前版本的读者——的数量大幅度增长，他们中的很多人对我的建议和策略最初的态度是小心谨慎的，甚至忧心忡忡、心存疑虑，而现在，他们则非常庆幸自己一直在遵从我的策略。当我第一次写作本书的时候，我还像一匹孤独的狼，我的观念和策略看起来显得那么特立独行、独树一帜，不过现在，在这个版本中我已经可以添加许多他人的故事、例证、经验和评述了，他们都从我的策略中获益良多。

"没有什么比今天更宝贵的了。"

——歌德

对于那些并不熟悉丹·肯尼迪的人，我们在这里简短说明了他为什么斩钉截铁地捍卫并掌控自己时间的动机，此外，还提到了他掌控时间最让人感兴趣的几个方法。

超过 25 年的时间，丹·肯尼迪一直在频繁地旅行，每年用于旅行的时间平均超过 120 天到 130 天，每年要出席多达 70 场的演讲和讲座。此外，他还为大量的客户提供咨询顾问服务，曾经同时运营 4 家企业，聘用的员工数量少则一人，多则达到 42 人。连续八年的时间，他每年至少要写作、出版一本新书；他写作出版的书籍、录制的培训录像带和家庭教育课程多达 100 多部（集）；而且从不间断地写作和发行两月一期的会员业务通讯；同时，他还经常参加赛马活动，最让人吃惊的是，他每年依然还会轻松地度几次假。

现在，他的时间表稍稍"理性"了些，最显著的标志，就是大大减少了旅行。即便如此，在他建立的四个不同的培训顾问团体中，依然还有 63 个客户，他每年要与其中三个团体中的每位成员交流 6 天，与另一个团体中的每位会员交流 8 天。一年中，他每月还要花费一天的时间，对上述培训顾问团体的每位会员进行电子远程培训和指导，同时，为 15 位到 20 位客户就他们的项目提供同步咨询顾问服务，每年要为 50 多位客户、200 个项目写作直投广告，要开设 10 次讲座，每年有 30 多天的时间，他的客户会找上门来寻求咨询顾问服务，要录制几个电视商业信息片。同样地，现在他仍然每两个月写作一期商务通讯，一年至少要写一本书。此外，他的日程表上每周都会有几次轻驾马车比赛的安排，还有每年的例行度假计划。

他只聘用了一位助手，在远离自己的住所兼办公室的另一间工作室里办公。他从不接听没有预约的电话，也没有手机，而且"冥顽不化"地拒绝使用电子邮件。他办公室的电话每周只有一个下午有"真人接听"。每周他只处理一次收到的传真和信件。

　　来自英国、澳大利亚、新西兰、日本、韩国、墨西哥、阿根廷、加拿大以及美国本土各个角落的企业家蜂拥而至，每人花费 2000 美元到 5000 美元来听他的企业家成功研讨会，这是一种为期数天的高强度培训，在讲座中，时间管理总是被当做强调的重点。在他"核心集团"会员的眼里，在数千个对他独到的时间管理之道推崇备至的客户心目中，丹·肯尼迪是个传奇人物，在本书中，你将有机会洞悉他时间管理策略的精要，而且有机会了解专注于时间管理问题和时间效能问题的经理们踏破铁鞋苦苦寻觅的重要思想。

　　在应用时间管理策略的行程中，丹·肯尼迪不再孤独，这可具有非同小可的意义——事实上，他激发了不可胜数的企业主和专业销售人员彻底改变了自己掌控时间的方法，改变了他们与周边的人接触、打交道的方法。你可以在本书的开始部分看到他们的一些感受和评论。

1. 如何让时间转化成金钱

只要你能消除创想和行动之间的时间间隔，你就能梦想成真。

——爱德华·克莱默（名为 Synchromatics 的自我修养系统发明者）

如果不是将你的学识、才能和勇气等等通过时间的投入转化成金钱的能力，那么，你的"企业家精神"是什么呢？

从下一章开始，我们将深入到时间管理的特定指导策略中去，不过，你会发现，了解我是如何形成自己的时间价值哲学的，以及了解一下我是如何珍惜时间的，对你会颇有助益。我是第一个向你道明这一点的人：你不能生吞活剥任何人的哲学，但是，你当然应该有自己的时间价值哲学。

在汗牛充栋的时间管理著作中，在无数次的时间管理讲座中，作家和演讲者总是乐此不疲地展示图表和曲线，以说明工作时间中的每一个小时值几美元，他们的计算结果取决于你的收入和你希望获得的收入。或许，你此前就曾经坐在这种讲座的听众席上。你很熟悉那种情形，开设讲座的先生站在讲台上，桌子上的笔记本电脑和投影仪相连，室内灯光晦暗，他们还可能手握一支激光笔，这样，他们就可以方便地在色彩斑斓的柱状图上指指点点了。如果你利用他们提供的方法计算，比如，每天工作8个小时，每年有220个工作日，那么，每年要想挣到20万美元，你每个小时的价值就是113.64美元。

在图表上看起来，一切都很美好。教室里的每个人都迫不及待地开始计算自己一小时的工作时间值多少钱。想在一年中挣到10万美元的人计算出，他每小时工作时间的价值是56美元——啊哈，这没什么难的，我完全可以做到！水暖工、牙科医生、会计、推销员以及大部分商务人士都会说：简直是小菜一碟。

令人遗憾的是，那不过是充斥在讲座现场的废话而已。

让我们一起来看看，为什么说那样的目标不切实际：那样的结果是完全基于每天8小时的工作时间计算出来的。是的，每天8小时，就是大家的工作时间。但是，在我们这个星球上，没有哪个人，每天8小时的时间都创造价值，甚至连接近这个水平的人也没有。你知道，每天的工作时间是一回事儿，而创造价值的时间——我将其称之为挣钱的时间——则是另一回事儿。在本书的其他部分，我提出了生产率的概念，或许，你可以用那个定义来确定你的哪些工作时间是真正创造价值的。

不过，如果你刚好是个律师，情况就不一样了。律师看似是按照自己的工作时间来取费的，无论他们花费的时间是不是创造价值。罗德尼·金因为被洛杉矶警方打成重伤而名声大噪，他聘请的律师在罗德尼·金的生日晚会上陪伴当事人的时间也要取费，甚至在往返通勤的途中思考这个案子的时间也被纳入了收费的范围。现在，我们来听这样一个笑话：一位身体非常健康的35岁律师突然身亡，在天堂之门，他对圣彼得抱怨说："你们完全搞错了，你们把我拉到这儿的时间太早了。"圣彼得检查了一下手里的登记簿，之后说，"不，我们一点儿都没弄错，先生。按照你所有的'挣钱时间'计算，你现在已经113岁了，事实上，我们下手已经晚了！"唉，律师啊，律师！

但是，我们大家真正创造价值的时间确实屈指可数。

一个"数字"可以改变你的生活吗？

好了，现在，我们回到刚才的数字游戏中，并假设你每年的基本收入目标是20万美元（基本收入目标这个概念我们稍后还要详细讨论），那么，你真正用于创造价值的时间，也就是直接为你带来收入的时间，有多少小时呢？又有多少小时被其他事情耗费掉了呢？上下班的通勤时间、填写政府要求的报告和表格的时间、与推销员打交道的时间、倒垃圾的时间，无论什么事情。让我们假设你工作时间中的三分之一是创造价值的时间，另外的三分之二用来干其他事情，对了，顺便说一句，这个比例已经高得有点过头了。一项研究表明，《财富》500强企业的首席执行官们每天只有28分钟的时间是真正用于创造价值的。李·艾柯卡曾经告诉我，他发现顶级首席执行官们每天可能只有45分钟的时间在真正创造价值——一天中的其他时间都耗费在了竭力避免浪费时间的努力上面，他们就像身处蜂群中的疯子一样，奋力挥舞着手臂，徒劳地抵挡着愤怒蜜蜂的进攻。但是，我们还是以三分之一为例吧，也就是说，你每三个小时的工作时间中，有一个小时是"挣钱的时间"。所以，你要用以前计算的每小时价值113.64美元乘以3，结果是340.92美元，也就是说，你真正创造价值的每个小时必须创造出340.92美元，你才能完成每年挣20万美元的收入目标。

我自己的这个数字要稍稍高些，但是，如果340.92美元就是我真正创造价值的每个小时必须创造出的价值，就像我数年前的情况一样，下面我来谈谈，我会怎么支配那些时间。

首先，这个数字会时刻闪现在我的脑子里。我会想，我正在做的工作每个小时值340.92美元吗？

其次，这个数字也为他人对你时间的消耗标明了价码——在电话里闲聊12分钟就损失了68.18美元。这种练习非常有好处，它迫使你考虑，你花费的时间是"投资"还是只是"花费"的问题，它有助于你量化自己的生活。

第三，这个数字为我确定了发表演讲、提供咨询顾问服务、广告文案写作以及做其他直接取费的工作时每小时的基准成本。无论你做什么工作，如果你挣的是固定工资，那么，你必须衡量每项工作的基准成本，从而设定你的取费标准，并判断某些事情是不是值得去做。

1996年，当我写作本书第一稿的时候，我为客户创作一个广告文案或销售信函的取费标准是3500美元。今天，同样的工作，我的起价是1.5万美元到2.1万美元，如果我的作品要刊登、出版，我的取费标准还要翻番，而且要另外收取版税。但是，比如说为一个客户创作一则广告，我依然收取 3500 美元，结果会怎么样呢？有些天真的人会说，3500 美元也是白赚的，毕竟，创作广告不需要我有什么"硬"投入，我不过就是端坐在房间里想想而已，之后坐在电脑前，把想好的东西输进去。不过，在这个过程中，我确实有"硬"投入，如果创作那则广告耗费了我 6 个小时的时间，那么，我的"硬"投入就是 340.92 美元乘以 6，结果是 2045.52 美元。如果创作那则广告的时间加倍了，很显然，我干的是赔钱的买卖。

如果你的商务事务需要经常旅行，你必须得留神下面的情况。当本书写到这里时，我是居住在几个不同的地方的。如果我在菲尼克斯，要去洛杉矶出席一个商务会议，我给这种行程最多两天的时间：第一个半天用于交通，一整天用于开会，另外一个半天返回，也许时间会更短些。但是，如果我在克利夫兰，出席在洛杉矶召开的为期一天的会议则需要三个整天，比在菲尼克斯出席同样的会议要多用一整天的时间，利用每小时价值 340.92 美元计算，我从克利夫兰去出席会议要多花 2727 美元。

我已经学会了认真考虑这类问题。比如，本书写到这里时，如果我去客户那里提供咨询顾问服务，一天时间的取费标准是 8300 美元（其他花费另计），不过，如果客户找上门来求得同样的服务，我的收费就只有 7800 美元。为什么呢？因为我待在家里的时间是值钱的！实际上，我是在花钱买时间。多年来，我一直维持着这种差异化的收费方式，但是，从 2002 年起，我开始直接拒绝去任何客户那里提供服务，只接受那些在我居住的城市里进行咨询顾问服务的预约。

我的很多客户和核心集团会员，也都在各自的商务活动中建立了自己的差异化收费方法。一位名叫梅斯·亚姆坡尔斯基的律师亲自处理案子的取费最高，指导自己事务所的律师处理案子时取费次之，如果他只是指导你自己的律师处理案子，他的取费还要更少些。牙科医生查尔斯·马丁的收费标准也有区别，他亲自为你做牙科治疗的取费，比马丁牙科诊所其他牙医为你提供同样治疗的收费要高。

很多年以前，我每天都要频频约见客户推销产品。我很快就发现，你每天可以安排两个、三个、四个甚至五个约会，约会的数量取决于你是否能有效安排自己的行程。销售人员富有竞争性，只是成功的一半，而高效安排自己的行程，并将拜访潜在客户的约会合理地"串起来"，则可以取得事半功倍的成效。现在，当我登上一个航班的时候，我总是要在一次行程中将尽可能多的有效活动"串起来"。我们在本书的第八章还要详尽地谈到这个问题。

作为一名作家、一个顾问和一位远程电子课程"教练"，我在家里工作，而不是每天都要去办公室。因此，单单是节约的上下班通勤时间就能让我多挣很多钱。在家里，我已经适应了自己的节奏——从起床开始，到洗澡，再到进入工作状态，要在15分钟内完成。如果我离家去办公室，除了这15分钟之外，我在路上还要花半小时的时间，也许需要一个小时的时间，之后再花15分钟时间在办公室安顿下来，这还不算下班回家所花费的时间。

无论你用什么方法，在你的商务生活中，你都必须找到一个使时间效益最大化的"杠杆"。就工作的生产率而言，这个杠杆其实就是你每小时的基准成本与你每小时挣到的钱的差额。评估你个人生产率的一个很好的方法，就是在一周内，一个小时接一个小时地衡量和监测这种差额。

现在，让我们再回到前面谈到的那个概念：基本收入目标。因为你是自己的老板，你是自己给自己支付薪水的，所以，你要确定你的薪水到底是多少。对大部分企业家而言，他们给自己的薪水就是剩下的钱——无论剩下多少！这是一个天大的错误，之所以说这么做大错特错，有两个理由：首先，毫无计划可言，其次，意味着你最后才给自己支付薪水——这正是很多企业家以破产告终的首要缘由。现在，我们倒过来，也就是有计划在先。你必须确定今年自己要从自己的企业中获得多少收入，这些收入可以是工资，可以是红利，也可以是投入到退休计划中的金额。那么，你确定的数额是多少呢？

我实话实说吧：我问到的企业家中，十个人有八个人说不出这个数额。

如果你不能确定自己的基本收入目标，你就不能计算出自己时间的价值，这就意味着你无法做出关于时间投入的正确决策，意味着你不能真正掌控自己的企业和自己的生活，意味着你与随遇而安的大多数人没什么区别。难道说"走到哪儿说到哪儿"的随遇而安就是你的目标吗？

企业家应该好好思考一下企业经营的目的，很多企业家完全忽视了这一点。企业经营的目的是让企业所有者更富有，企业所有者的首要职责就是从企业中"往外拿钱"，而不是把钱锁定在企业中，更不是不断向里投钱。

或许，你的情况并不像我的情况一样，可以清楚地确定每小时的价值，那么，时间管理的策略对你是不是就毫无用处了呢？不，当然有用，而且它们对你的重要性甚至会超过对我的重要性。让我们举例说明，假设你有六家商店，对了，这种情况够复杂了吧？那么，你首先必须确定，你聘用的商店经理每年创造的最低利润目标是多少；无论你每天只是睡大觉，还是也参与商店的运营，这个利润目标都与你息息相关，所以，你还要确定其中的多大份额要由你来创造。如果你确定的利润目标是 50 万美元，同时，你计算出，其中的一半份额完全依靠你来完成，那么，你的基本收入目标就是 25 万美元。

对我来说，我可以将我的收入目标计算得很精确，对你而言，可能就并不那么精确了，不过，没关系，我敢保证，你确定出这样一个数额，哪怕你的计算方法受到置疑，也依然比没有任何数额要好得多。有了这样一个数额，你做出决策的方式、你培养的习惯以及你要与其协作的人都会发生戏剧性的变化，你会从中大获裨益，而你当初的计算方法是不是有什么技术上的漏洞并不重要。只是为了我们在本书中便于交流和讨论，你也应该先行确定这样一个数额：你下一年的基本收入目标。（参见表 1.1）用这个数额除以全年的工作小时数，得到的结果就是你工作日每个小时的价值，用这个数字再乘以不创造价值的时间与真正创造价值的时间的比率。如果你尚不能精确地估算出这个比率，你可以用我前面提到的"3 倍"。这样，你就知道你真正工作的每个小时应该值多少钱了。这个数额除以 60，就是你每分钟工作时间的价值。

表 1.1   **计算你的基本收入目标**

基本收入目标：	＿＿＿＿＿＿美元
用一年的工作小时数	
（220 天 × 8 小时/天 = 1760 小时）去除	÷＿＿＿＿＿＿
= 每小时的价值	＿＿＿＿＿＿美元
乘以不创造价值的时间	
与真正创造价值的时间的比率	×＿＿＿＿＿＿
= 你每小时一定要获得的收入数额：	＿＿＿＿＿＿美元

这个小小的数字很可能会彻底改变你的生活。

这种计算有点儿像你被诊断出了心脏病——对我来说，是被诊断出了糖尿病——你要就此真正改变自己的饮食习惯和体育锻炼习惯。

有这样一个数字在你眼前晃来晃去，你的很多决策就很容易做出了。你很难不直面这个数字。事实上，我建议你不要让这个数字从你面前消失，直到你完全将其镌刻在脑海中。你可以把"每小时值_____美元"的文字写在好多张4×6英寸的彩色卡片上，要用黑体字写，并把这些卡片粘贴在你所有的工作场所，以便可以经常看到它们。

总体来说，有这样一个数字时时出现在你面前，你会很快想到，商务生活中的两个方面可能会发生变化：

首先，你会意识到，你必须让你身边的人明白并尊重你的时间价值观，并遵照执行。当然，这样的成果并不能一蹴而就，他们会一次又一次地忘记你坚守的原则，因为熟人之间常常没有原则可言。所以，你需要定期提示他们，让他们适应你的需要。此外，你还必须把那些无视你时间价值观的人赶出你的商务生活。如果你听任那些既不明白你的时间价值观，也不尊重你原则的人在你面前流连不去，说实话，你连起而与他们战斗的机会都没有。

丹·肯尼迪的时间管理箴言 1

如果你连自己都不知道自己的时间值多少钱，你别想指望别人会知道。

其次，对于那些与你的时间价值不符的事情，你必须消除亲力亲为的欲望，或者索性把这些事情交由别人去做。

你会把时间价值贬到多低？

我是在俄亥俄州长大的，在那里，人们的周末通常是用在冬天铲雪、春夏修剪草坪和秋天拿耙子耙落叶上。那种生活一度让我讨厌透了，所以，为了逃避铲雪、修剪草坪和耙落叶，我常常在周末的时候驱车外出，去找同在一个销售公司工作的同伴们。我觉得：如果你的时间每小时值 5 美元以上，你应该让邻居的孩子来做那些工作。另外，你把那些杂务都干了，实际上也是在掠夺孩子们的收入。当我后来搬到亚利桑那州的时候，我满眼看到的只有沙漠、岩石和仙人掌，我想，终于没有雪需要铲，也没有草坪需要修剪了，可是，你猜怎么样？很多家伙搬到这儿的时候带来了草种，种得遍地都是。之后，要么给草坪浇水，要么修剪草坪。还有一些人，他们的居住环境是典型的"沙漠景观"，不过，他们也能找到要耙的东西，那就是把沙土中的岩石碎块耙出来——活像小猫在箱子里玩的把戏！我从人们这些活动中得出了什么结论呢？大部分人总能找到极尽降低生产率之能事的事情可干，总能找到浪费时间的营生，哪怕要花费很多气力才能创造出这样的条件！

好了，还是谈谈我的"时间价值哲学"吧，它可以归结为：我工作的每个小时都要值一定数额的金钱，我会极尽所能在工作时间创造价值，并捍卫我的工作时间不受侵犯，任何想干扰和破坏我时间价值观的人，和我打交道的时候最好都要小心点。

另外，对销售人员来说，他们的工作还涉及一个"项目价值评估"的问题，或者称之为"机会成本计算"问题，也可以称为"客户价值估算"。简言之，一个"事情"必须要值 X 美元，无论你认为 X 是多少，那个"事情"只有值这个数额，你才能考虑它，才能最终去做它。我的很多优秀客户已经接受了这个理

11

念，并且有用以检验事情是否可行的"试金石"，这些检验标准有助于他们对是否投入某个项目做出快速的决断。

比如，白金会员马特·弗里在几年前开始着手启动一个项目，那时候，他每年的收入目标至少要达到 1 万美元，这就意味着，他要推出的新产品或者启动的新市场策略，必须能为他带来 1 万美元的收益，否则，他就不予考虑。现在，他的基本收入目标是 10 万美元。他已经很明智地认识到，某个可行的机会并不意味着对你也是机会，某些事情可以做并不意味着你也要去做。

大部分专业销售人员常常"粘在"客户和顾客那里，而他们从中得到的收益却远远抵偿不了他们花费的时间。所以，最好还是把这样的推销员推荐给竞争对手，哈哈！很多企业家也常常胶着于那些收益远远抵偿不了自己时间价值和雇员时间价值的项目上。我以前就曾经多次陷入这种陷阱，虽然承认这一点让我很难堪。但是近年来，我变得已经好多了，不再做那些事倍功半的傻事了。我的朋友李·米尔特——一位商务成功超级教练，同时也是我"离经叛道的百万富翁计划"录音培训项目的主持人和采访者。在我 49 岁生日的时候，送给我一个装饰挂盘作为生日礼物，这个挂盘对我是个很好的警示，上面写着：

丹的另一个企业

"当时看似好创意"有限公司

2. 直刺时间吸血鬼的心脏，免得它吸干你的鲜血

正当他们看着那家伙撕扯修果·巴斯克维尔的喉咙时，它把闪亮的眼睛和直流口涎的大嘴向他们转了过来。三个人一看就吓得大叫起来，赶忙掉转马头逃命去了，甚至在穿过沼泽地的时候还在惊呼不已。

——引自阿瑟·柯南·道尔的"福尔摩斯探案系列"《巴斯克维尔的猎犬》（*The Hound of the Baskervilles*）

"时间吸血鬼"是穷凶极恶的动物，是极度自私的凶残物种，一旦得到机会，它们就会吸干你的时间和精力，让你面无血色、虚弱无力，甚至衰竭而死。它们一旦在什么地方大快朵颐一顿以后，每天都会再度回来，等待下一次饕餮大餐——所以，即使你从一顿美餐中再度获得了能量，从一宿好睡眠中再次恢复了精神，而且还服用了维生素。不过，这些都于事无补，第二天，它们还会在前一天离开你的地方等着你，再次迫切地吸干你的每一缕生气。认识到这些时间吸血鬼的存在，是免受它们攻击的第一步，而认识到它们是藏在暗处的、卑鄙的、邪恶而且嗜血成性的

动物，则是让自己免受它们骚扰的第一步。

或许，最为阴险的时间吸血鬼就是"只占用你一分钟时间先生"了。他常常躲藏在你办公室外走廊的暗影里，经常出没在电梯附近，总是游移于自助餐厅中，或者常常在停车场旁边的灌木丛中神出鬼没，总之，任何可能捕获你的地方都有他们的魅影。如果你曾经几次向他投降，那么，他会变得有恃无恐，而且会"随时顺便"走进你的办公室，甚至冲进你的家里。他用这样的言辞来解除你的戒备和武装："你能抽出一分钟的时间来吗？"或者，"我只需要你几分钟的时间。"或者，"我只有一个简短的问题。"他握有独门诀窍，可以在你正在做的最重要的工作中——比如，正在构思如何回复一个非常重要的电话时，或者在类似的紧要关头——把你强行拉出来，如果你终日徘徊在他的势力范围之内，那么，一天中他会十数次"随时顺便"造访你——而他每次都会声称"只占用你一分钟的时间"。

每次他"顺便"造访你，你都会看到，他张开血盆大口咬住你的脖子，吸走你一两品脱鲜血。那就是他渴望的结果。

屈从于这种时间吸血鬼的诱惑几乎是不可避免的。首先，你会想，现在就给他"一分钟的时间"，之后就能摆脱他的纠缠了，这种方式看似远比总想着那件事、过后再抽时间处理要轻松得多。其次，拒绝他的小小请求，似乎也太过粗暴了些，有不近人情之嫌。但事实却是，无论如何他都不值得你抱以谦恭的态度。实际上，他的行为一直在告诉你，你的时间不如他的时间更值钱，无论你正在干什么，你的工作来得都不如他的工作更重要，而且即使受到随意打扰也无所谓。用他们的行话来说，"孙子，你咎由自取，活该！"所以，碰到他的时候，你要毫不手软，直接将"利剑"插入他的心脏。

下面就是你的"利剑"：

> 我现在正忙着。
> 我们下午4：00 抽出15 分钟的时间，
> 一次把你所有的问题都处理清楚如何？

这样的利剑会立刻让嗜血成性的时间吸血鬼方寸大乱，会把他"定格"，就像在大灯照射下的鹿一样，不敢动弹。此外，你的利剑还能给时间吸血鬼一个新的教训。当然，第一次看到你亮出利剑，他可能会浑然不觉，不过，你可以再度出击，这次他可能稍有收敛，不过依然不会彻底悔改。但是，如果你不断亮出利剑，一次又一次地直刺他的胸膛，他最终是会幡然醒悟的。某一天，他可能会给你打电话说："我有几件事需要和你商量，你看，我们什么时候可以谈谈？"当你按照自己设定的时间赴约的时候，你就可以为拔掉时间吸血鬼的坚牙利齿并最终驯服了他而庆功了。

"他们正在开会"

另一个最危险的时间吸血鬼就是"会议先生"。有些人除了开会以外，似乎什么事情都不做。正当我写作这本书的时候，我的一个客户曾经把我强拉到一个20 分钟的会议上，那个电话会议共有十人参加，会议的议题是：我们什么时候可以召集下一次时间更长的电话会议，以便在会上讨论为另一个会议做准备的事情。天啊！晕！

出席会议是很诱人的事情。列席会议会让你觉得自己很重要，会觉得自己是个人物。同时，出席会议还是免受做决策的折磨和逃避做决策的责任的最好方式。频频开会是组织中的一种痼疾，它可以把企业拖入毫无生产效率的泥沼，导致企业优柔寡断，而会议本身很可能会成为节奏缓慢的茶话会，或者佐以咖啡的闲聊。（我认识的两位最为"苛刻"的首席执行官只召集"站立会议"，开会时，没有椅子）

根据刊登在 20 世纪 90 年代末——那时候，我正在写作本书的第一版——一期《公司会议杂志》（*Corporate Meetings Magazine*）上的研究结果，人们每月在会议上花费的时间平均为 20 小时到 40 小时，比前一年又有增加。经理人每天用于开会的时间平均为 1.7 小时，而高级总经理则把工作时间的一半用来开会。那些调查结果显示，最具成效的会议通常不超过一小时，但是，大部分会议都耗时两个小时甚至更长的时间。根据我自己的观察，这种情况正在变得更糟，年复一年。尽管很多精巧的玩意儿和技术手段可资利用，而且我们也都配备了这类本来是为了使沟通更有效的技术装备，可是，每一个我想要联系的人依然都"正在开会"。

有一天，我给一家公司打电话，想获取一些信息，结果，从接待人员那里听到了这样有气无力的答复："所有的人都在开会，我什么也不知道。你最好还是过后再打电话来，那时候，知道情况的人可能会有空儿。"

这时候，你需要停下来，问问自己：我真的需要出席——或者召集——这个会议吗？有没有什么更有时间效率的其他方法来处理这个问题呢？电话会议怎么样？使用一个可供每个人传阅的备忘录如何？见鬼，把相关议题贴在公告栏上不就行了吗？或者把它传到公司网站上如何？也许，只需发封电子邮件就足够了。嘿，我说，除了再次开会，我们可以有效利用的手段很多嘛！

如果你要召集一次会议，有这样几把"利剑"，你可以用来防止时间吸血鬼把会议变成无休无止的"吸血闲聊"。（时间吸血鬼当然很喜欢开会，因为在同一时间内，在同一个地方，有好多血液充盈的受害者可供自由享用。简直就像一顿食物丰美的自助餐）

1. 把会议召开的时间定在即将吃午饭的时候，或者定在马上就要下班的时间，这样，时间吸血鬼就得速战速决，之后，变成蝙蝠，很快飞走。

2. 不要在会议上提供茶点。

3. 提前拟定紧凑的会议议程。

4. 会议要设定一个清晰的、可以完成的明确目标。

顺便说一下，在会议上提供茶点可不是个小事情。以前，我的朋友戴夫·佩蒂托——一位优秀的商业信息片制片人——和我出席一家公司的会议都会得到酬劳。这些会议通常在公司设在贝弗利山庄富丽堂皇的办公室召开，有时候则在公司首席执行官的宅第举行。无论会议在什么地方召开，桌子上总会摆满丰盛的食品：硬面包圈、五种口味的奶油干酪、鲑鱼、进口奶酪、夹肉三明治、羊角面包、松饼、曲奇饼，等等，应有尽有。这些美味的食物让会议至少延长一小时甚至更长的时间——毕竟，当你满嘴都是美食的时候，你根本不可能提出任何建议。这家公司现在已经退出了商务舞台，我丝毫不觉得奇怪。

如果你非得出席一个会议不可，你依然握有刺杀"会议先生"的"利剑"：

1. 提前确定你在会上的发言内容，之后，在会上以充分的准备、最少的时间将信息以最富影响力的方式发布出来。

2. 要准备一个"溜出去"的花招儿：比如，提前和某人交代好，要他在会议进行到某个时段的时候，来到会场找你；或者，提前安排某人在会议进行期间给你手机打电话；无论用什么手段。此外，你还可以借口会期太长，要去卫生间而离开会场，如果需要，你可以再回到会场——但是，我想，你很可能会就此一去不回头了。

逃避琐事的追击

另一个需要小心戒备的时间吸血鬼是"琐事先生"。他既不想、也不能区分事情的轻重缓急。

这个吸血鬼的才能就是把别人"拉下马"，他为了满足自己的需要，可以让你把按照轻重缓急精心组织的待处理事务名单置于一边——此外，最令人懊恼的是，他的事情往往是最不重要的琐事。"琐事先生"会突然跑到你面前，目的就是要告诉你某些事情，他要说的事情，从大楼着火到办公用品供应商这次送来的是蓝色的钢笔而不是黑色的，事无巨细，无所不包。通常情况下，他所说的都是钢笔颜色这类的事情。

和这种人打交道的最好方法，就是给他脖子上戴上一个银十字架，之后，把他踢出你的"城堡"，让他去见上帝！但是，如果你没有机会这么干，你就需要另一把"利剑"了——这个利器就是"以其人之道，还治其人之身"：

> 我今天忙得简直不可开交，所以，在重要性从 1 到 10 的所有事情中，我今天只处理最不重要的第 9 级和第 10 级的事情，其他的事情都得等到明天再说。
>
> 你确信，你要跟我谈的事情，是最不重要的第 9 级和第 10 级的事情吗？

他会说，"不，不，但是——"之后，你必须马上粗暴地打断他："没有'但是'。谢谢。好了，我们明天再谈你的事情。"

然后走出去。（如果他在你的办公室，你也要走出去）

他会面露愠色，那再好不过了。他把那些琐事留到明天再来找你的可能性只有50%。很可能，从你那儿离开后，他会找其他人的脖子下口，也许他也可能自行解决问题。但是，他不会有耐心把问题留到明天的。

哦，天啊！肥皂剧时间到了！

你看过肥皂剧明星苏珊·鲁齐的夸张表演吗？剧中，有人走进房间说："罗纳德刚刚被人谋杀了，现在正躺在外面的草坪上，一个巨大的粉色金属火烈鸟插在他的胸膛。"肥皂剧中还有这样的场景，有人走进来说："外面下雨了。"这两种截然不同的事情在苏珊·鲁齐身上引发出的激烈反应是一样的：大声嚎哭、呜咽、乱揪自己的头发、捶胸顿足、身体痛苦地扭曲，总之，表现非常过火。是的，在现实生活中，有些人的表现与剧中的苏珊·鲁齐如出一辙。他们对任何事情都会出现过火的反应，他们把所有事情的重要性都无限夸大。如果你稍不留神，他们就会把你也拉到剧情中去。当他们这么做的时候，你可以眼看着他们的嘴刺入了你的静脉，吸走了一夸脱鲜血。

这种特别的时间吸血鬼给你带来的另一个问题是他们至少也可以让你牺牲自己的时间，诱惑你去安抚他们。如果你不能让他们伏在你的肩膀上饮泣，他们会让你充满负疚感。但是，当他们伏在你肩头求得抚慰的时候，他们的坚牙利齿也刺进了你的静脉。

有些人确实拥有非常神奇的小题大做的能力，他们可以把小土丘转变成一座大山。如果你碰巧遭遇了这种过激的夸张反应，如果你所在的组织中确实有这类"动不动就泪流满面的情种"，如果可能，最好离他们远点，摆脱他们的纠缠。如果你做不到，那么你至少应该和他们保持距离。有两种方法可以把他们从身边驱赶开。

1. 直奔他们遇到的问题的核心（他们遇到的问题的核心通常都是显而易见的），之后，告诉他们应该怎么做。其实，你的建议并不是他们的诉求，他们并不真的需要什么解决方案，他们需要的是肥皂剧的戏剧性。你的单刀直入无疑坏了他们的兴致，所以他们很快就会去其他地方寻找吸血机会的。

2. 利用一个"又臭又长"的乏味故事，接过他们的话头儿，把你和他们的对话引导到以你为主的方向上来，比如说，你可以讲这样一则故事："你谈到的情况让我想起了我叔叔哈罗德的惨淡生活，那时候正是大萧条时期，干旱少雨、土地贫瘠。他的故事或许对你有帮助。故事是这样的……"也就是说，你要让自己在他们面前也变成时间吸血鬼，并开始吸食他们的鲜血。

还有其他时间吸血鬼吗？

事实上，时间吸血鬼的种类，就像鸟的种类和蝴蝶的种类一样繁多。如果你越来越明智，如果你能越来越准确地发现他们，如果你直刺他们心脏的技巧越来越熟练，那么你的工作效率也将成倍增长。

你可以问问自己，你现在的某些行为，从实质上看是不是正在招引时间吸血鬼前来赴宴，如果确实如此，马上戒除那些行为。

我真蠢，居然铺上了红地毯来迎接时间吸血鬼的到来，居然听任它们吸干我的鲜血。

我曾经在一本商务杂志上读到过一篇文章，说有一位勇敢的首席执行官，担纲一个医疗中心首脑以后的最初行动之一，就是猛烈地把自己办公室的门从合页处拉掉，并将其悬吊在门廊的天花板上，以此表明他实施"大开门户"政策的决心。那本杂志将这种行为当作领导者彰显勇气和创造性的重大行动倍加推崇。当我看到这儿时，忍不住愕然失笑。这个家伙真让人同情。对于那些听到这类故事便激动难抑、兴奋不已的管理理论家们，我想说：得了吧，伙计，去看看现实世界吧，他们不过是年轻气盛、少不更事而已，你自己去试试看，你连一星期也坚持不了。

其实，这类招数实在算不上什么新发明，也不是什么革命和创新，不客气地说，大约 20 年前我就犯过同样的错误。

当我刚刚执掌一家尚无生死之忧的制造业公司帅印的时候，我就把我办公室的门从合页处拆掉，之后，把它固定在走廊的墙上，以此宣告：从现在起，总裁办公室将真正实行"门户开放政策"。毫无疑问，那个行为戏剧性效果非常强烈，不过也是愚蠢透顶的行为。

丹·肯尼迪的时间管理箴言 2

时间吸血鬼会永不停歇地吸食你的鲜血，直到你制止它的恶行为止。

如果一天下来，你觉得筋疲力尽，那是你咎由自取。

自此，一天到晚，时间吸血鬼就像游行的队伍一样成群结队地来到我办公室。吸血，吸血，还是吸血！到下班的时候，我的脖子就像用来插针的针垫一样，早已经千疮百孔了；我的面色比打印纸还要惨白，几乎变得完全透明；脑袋沉重地耷拉在办公桌上，甚至连起身坐直的力气都没有；目光呆滞，呼吸短促，苟延残喘。那真是噩梦一样的恐怖经历，他们结队而来，浩浩荡荡地走进来，兴高采烈地伸出尖利的吸管，把我的血液吸食得一干二净。如果不是下午 5：00 的钟声响起，他们会把我像伦敦烤肉一样吃个寸骨不剩。事实上，是我为时间吸血鬼们铺上了表示欢迎的红地毯，他们不过是接受了我的邀请而已。毫无疑问都是我咎由自取。

这种事情——那位首席执行官和我当年的所谓"门户开放政策"——在纸面上看，美妙得无与伦比，令人遗憾的是，很多创想——就像我们刚刚谈到的那个——实际上是没有任何实践经验的纸上谈兵，是他们安坐在富有田园风格的大学校园里幻想出的空中楼阁和时髦的玩意儿，他们新的管理理论总是让我们困惑不已、不知所措。所以，还是不要相信你看到的那些东西吧。

3. 断然拒绝工作时间中来自外界的干扰

> 我的生活，是一个布满障碍的长途旅行，而我自己就是最大的障碍。
>
> ——杰克·帕尔

干扰会严重削弱和破坏办公室工作和案头工作的效率。

只有断然阻止任何干扰，你的生产效率才能得到显著的提高，就这么简单。

我曾读到一个研究报告，说企业所有者平均每8分钟就会受到一次打扰，于是我让我的三个客户——他们都是全天候打理企业的业主——在办公桌上放一个闹表，看看一天中受到打扰的频度是多少。一个客户的结果好于平均水平，他每10分钟受到一次打扰；第二个客户，是6分钟；第三个客户牢骚满腹地嚷嚷："嘿，我看我得弄一个秒表了。"

以前，当我整天待在办公室，和雇员同处一个屋顶下的时候，我发现我的情况也好不到哪儿去——如果我不采取任何措施的话。此外，我发现一个永恒的法则：你的雇员和同事越多，你受到的打扰也就越频繁。回想几年前，我曾经一度因为受到42名员工的"轮番攻击"而心力交瘁。有一段时间，我每8秒钟就会受到一次打扰，而不是8分钟。最终，我认识到，那完全是我自找的，尽管承认这一点令人难堪。我甚至在"邀请"和纵容他们的干扰。好在我后来学会了如何阻止他们。

这类干扰看似理由都很充分，可是，他们的每次打扰都不是必须的！如果你想在这样的工作环境中最大限度地提升工作效率，我在这里提出的五个"自我防卫"、"捍卫时间"的招数你应该试一试：

1. 让自己"消失"。
2. 不要接电话。
3. 安装一台传真机。
4. 为"炸弹"设置定时器。
5. 忙起来，而且要让人一眼就能看出来你很忙。

让自己"消失"

你逃避打扰、提高时间效率的第一个策略就是——让别人找不到你。当我待在办公室的时候，人们会问我很多问题，我知道如果我不在那儿，他们自己就能找到问题的答案。而我待在那儿，而且他们可以很方便地找到我，所以信手拈来的机会非但降低了我的工作效率，也降低了他们的效率。因此，你的选择就是离开那儿。有些企业家认为他们必须为员工做出表率。所以，他们总是第一个到办公室，总是为办公室开灯的人，总是最后一个离开公司，总是负责关灯。我就犯过这类错误，很显然，那还是一个天大的错误。领导力并不体现在你要比所有人都干得多上面。

频繁的旅行让我认识到，作为领导者，我不在场的时候员工们会表现得一样好，甚至会更好。当我正在旅途中的时候，当他们找不到我的时候，他们的问题中的80%可以自行解决，而且工作绝大部分令人满意，有些还令人大喜过望，即使稍有瑕疵，几乎也都能补救。剩下的20%问题，他们可以通过简短的电话和传真，快速而有效地与我沟通。既然他们在找不到我而不得不自行处理问题的时候，这种方法很奏效，那么我们没有理由认为这种方式在其他的时间就不再灵验。所以，我就不再去办公室了。我在家里和办公室都安装了传真机，当我呆在城里的时候，我就在家办公，因为去办公室工作总是受到频繁的打扰。如有必要我会给他们打电话或者发传真，他们也通过电话和传真把问题告诉我。

现在，我在俄亥俄州的家里居住和工作的时间，比在任何其他地方的时间都长。我只有一个助手，可她待在办公室——菲尼克斯的办公室，这么远的距离根本不存在相互打扰的问题。几乎没有例外，我们每天通一次电话，通常我们的通话时间都不超过20分钟；每天我都只接收一次需要紧急处理的传真件，其他的传真、信件和需要处理的问题名录，她会详细地分门别类，之后，每周通过联邦快递邮寄给我。她独自组织、整理材料的效率和能力，要比我在她面前时强得多，而且我和她的交流也更有条理。

27

我确信我们之间的这种交流方式，可以为我们每人每天至少节约两个小时的时间，在我看来，这两个小时就是一沓哗哗作响的钞票，而且它的数额远远多于每周付给联邦快递的邮寄费。

我有十几位客户如法炮制了这种策略，也都收到了很好的成效。事实上，我可以随口说出 30 多位客户的名字——他们中的有些人像我一样，只聘用了一两位助手，其他人则经营着年收入多达 3000 万美元的企业，他们也都很少光顾自己的办公室，有人一星期也不去自己设在公司的办公室，有些人甚至一个月才去一次办公室。柴特·罗兰拥有的杀虫剂公司，在佛罗里达州，是业内最大也是利润最为丰厚的公司之一，此外，他还经营着一家为杀虫剂企业提供市场咨询、培训和指导服务的机构，同时管理着销售人员、行政人员、技术人员、野外工作人员和运输人员，不过他每月去办公室的次数不超过两次。他的副手每周会到他家会晤一次，平时他用电子设备接收每天的统计数据和有关信息。他工作的地点是湖边的豪宅或者海滨公寓。他经常轻松地旅行，根本不用为离开办公室而忧心忡忡，因为平时他也很少光顾自己的办公室。比起他每天端坐在办公室来，这种工作方式的成果要丰硕得多，而两者的差异甚至可以量化地比较出来。

我有一位首席执行官朋友，运营着一家年收入 400 万到 500 万美元的企业，可他不能在家里工作，因为他有六个孩子、两条狗，还有配偶。所以，他在城里租了一间小办公室，每月租金 200 美元，办公室处在他家和工厂之间。他的办公室里，没有电话，也没有传真机，不过，他大部分时间都是在那儿度过的。

他和我一致认为：

丹·肯尼迪的时间管理箴言 3

如果他们找不到你，他们就无法打搅你。

我认识的另一位企业所有者，他让雇员完全断了打扰自己的念头，同时他也让自己断了事无巨细必亲力亲为的念头——不再须臾不离办公室，不再眼观六路、耳听八方，不再猜度每个人。让他大感惊喜的是，企业的运营就此变得非常顺畅。在这个阶段，有几个人因其出类拔萃的表现得到了升迁，而几个不能适应企业新运作方式的人被解雇了，结果企业的销售和利润大幅攀升。从此，他找到了从事发明创造的时间，找到了着手几年来一直想做但没有时间去做的"特殊项目"的时间。第一次，他可以在与公司相隔几个州的海滨别墅休一个完整的假期。30 年来，他第一次不再是企业的"奴隶"，成了真正意义上的企业所有者。

如果你需要在办公室与员工一同相处，那么不妨想一想我当年实施的那个愚蠢的"门户开放政策"，想一想我的痛楚经历，所以，对你而言非常重要的是，一定要实行"紧闭门户政策"。你要让所有人都知道——以紧闭房门的方式、以亮起红灯的方式，或者在门外的走廊上挂一个充气紫色蜥蜴的方式，任何方式都行——你需要一些完全不受打扰的时间。如果你只是想静静地在办公室小睡一会儿，那就去睡吧，关他们什么事？

不要接电话

下一步，你必须控制好电话。我觉得，电话是高效率工作的头号敌人，而你的雇员就是这个敌人的同谋，直到你打破他们的恶习为止。人们似乎已经习惯了，电话铃响起的时候，他们必须去接，而且人们认为你理应这样。在家里，在人们的业余时间里，听到电话铃声，人们总是反射性地跑去接——从温暖的浴缸里湿淋淋地跑过去，从餐桌边跳过去。贝尔先生的这项发明不知道让多少人惊恐不已。铃声大作、奔跑、通话、筋疲力尽。

所以，首先请允许我谈谈我的电话哲学：除非你想那么做，否则你绝对没有义务、没有责任非去接电话不可，不接电话并不违法，也远谈不上不道德。在家里，当我洗澡的时候，当我吃饭的时候，当我小睡的时候，当我正看一个喜欢的电视节目的时候，还有很多其他时候，我总是把电话的听筒摘下来。根本就没有任何事情——我是说，任何事情——不能等一两个小时。你应该把这种观念也带到工作中去。不同的人对控制电话干扰的要求不同，但是我认为任何人都不应该纵容他人随意给你打电话。如果"来者不拒"，无异于你在散步的时候在后背贴上一个"踢我吧！"的标签，如果来电必接，你就会不停地中断明知道其重要性的事情，而去处理那些你根本不知道是不是真的重要的事情，去应对那些你根本不知道是谁的人，进而，将自己工作时间的控制权毫无保留地拱手让给了未知的事情和人。所以，大部分工作日即将结束的时候，你虽然筋疲力尽、疲惫不堪，可是你想做的最重要的事情依然没有做完。

对我个人而言，我从来没有碰到过因为晚一天回电话而遭受损失的情形。当我外出旅行的时候，打给我的大部分重要的电话都会在家里等着我，我回到家里以后的第二天，才会给他们回电。在我抽出时间回电之前，很多电话会等上三四天，甚至是五天。你猜怎么样？偶尔，有些人的情况会因为我没能及时回电话而恶化——不过，那是他们的问题，而不是我的——但是，这种回电方式从来没让我损失过一分钱，一个子儿都没有。事实上，富有讽刺意味的是，在我的商务运营中（很多其他人的生意也是一样），我这种不容易被找到的情况，实际上还有助于留住新客户，有助于获得客户对你的赏识，有助于获得他们对你时间和管理时间方式的尊重，而不是相反。不过，大部分人确实并不认同只有山穷水尽的时候才去找高人指点迷津的方式，人们并不看重"临时抱佛脚"的套路。（关于这一点，我在《招招见血，成功销售》一书的"外卖销售"部分多有论述）

移动电话

现在，让我们来谈谈移动电话的问题。我认为，手机是迄今为止最邪恶的发明。人们认为，自己应该每周7天、每天24小时接听来电。所以，手机是你为时间吸血鬼铺上的最后一块欢迎红地毯，此外，手机对机主还拥有令人惊异的神奇魔力。

正如喜剧演员丹尼斯·米勒谈到的，说实话，我实在不想对人们的大喊大叫、夸夸其谈说三道四，可是我越来越频繁地看到，很多男人在公共卫生间的小便池前还在通过手机大谈特谈生意上的事情，依我看，如果你连撒尿都不从容，你实在算不上什么"超级重要先生"，其实，你是个彻头彻尾的"超级愚蠢先生"。

就我个人来说，我压根儿就不想买手机，也不想用手机。以前我曾经用过两个星期，结果有一天，我用尽浑身力气把它从车窗里向外扔得远远的，此后再也没用过。

如果你坚持要随身携带这种令人痛苦不堪的玩意儿，要知道适时关机，而且要频频关机。比如，当你和同事或者朋友同进午餐的时候，要专注于品尝美食，消化那些你吃到肚子里的东西，而不是别的什么；比如，当你撒尿的时候，当你驾驶越野车沿山路疾驶而下的时候，当你驾车驶过冰面的时候，当你行驶在弯路的时候。还有，如果在一个航班上你和我比邻而坐，你最好"识时务些"，在我用你的手机直捣你的喉咙之前闭嘴，把它关掉！

顺便说一下，在我开设的讲座中，每次手机在课堂上响起，我们都要向机主罚款 100 美元；在讲座进行的过程中，如果违反，我们会没收手机。

通常情况下，"违反讲座课堂纪律"的也是花了 2000 美元到 5000 美元来接受培训的人，很多人还是我非常好的客户，我不管这些，我就是不能忍受。我警告所有的人，我会找几位身材魁梧、强壮如牛的"打手"来负责没收手机和收缴罚款，而我只管拿钱。如果你没钱缴付打扰别人的罚款，如果你不能礼貌待人，我想你最好还是待在家里，最好去别处骚扰别人。我觉得餐馆和电影院应该在顾客进门的时候收缴他们的手机，等他们离开的时候再归还他们，就像文明社会的社交场所对待持枪前来的客人一样。

因此，我倒觉得安有折叠门的电话亭是个非常富有文明特色的东西。

对企业所有者们、销售人员以及我那些巧舌如簧、可怜的妄想狂同事们——他们都虔诚地确信，如果所有的客户和潜在客户不能随时、随地找到自己，客户们就会去找那些能够立刻接听他们电话的人去做生意——我想送上一句话：如果你并不是不可替代的，老实说，你的生意也会是寻常生意，丢了它也没有什么大不了的，而让别人随时随地找到你所带来的巨大问题，远远不是你坐在马桶上打电话就能解决得了的。把手机还是关掉吧，要长时间关机，时间要长到足以读完我那本《招招见血，成功销售》，那才是你需要关注的最迫切问题。

或许，下面的这段话对你也有些帮助：想象一下这样的情景，一个可怜的家伙走路的时候，还不忘手里握着手机，或者把它别在腰带上，更滑稽的情形是，他还戴着耳机，是不是活像一条愚蠢的大狗，脖子上套着项圈、拴狗带摆来摆去的样子呢？还一边走一边"嗯嗯啊啊"地叫着，"呼哧、呼哧"地喘着粗气。

如果你想让自己的姿势看起来更挺拔，还是扔掉"拴狗带"吧！

阻挡电话侵扰的"铁幕"

如果你认可我谈到的上述招数，很显然，你需要一个运作非常顺畅的"过滤系统"。你用什么东西让自己免受电话的骚扰呢？

如果你有一个"活生生的人"，或者聘用了一位接待员或者秘书，或者既有接待员又有秘书，那再好不过了。（如果没有，你就应该安装一套语音留言设备，或者安装一台自动答录机）你的接待员或者秘书应该时时更新你的 VIP 名单——这里谈到的 VIP，就是打进来的电话时常能让你财源滚滚的人，无论你正在做什么生意。这种方式可以让你避免错失你真正渴望的电话，同时你可以让助手信心十足地过滤掉其他电话。

你可能对我 VIP 名单上都有谁感到好奇。那好，现在我就满足你的好奇心。任何时候我 VIP 名单上都有十几个人——让我有大笔收入的人，此外名单上还有我几位最亲密的合伙人，几位最亲近的朋友，就这么多了！我认为，如果一个人的 VIP 名单超过了二十四五个人，就不成其为 VIP 了。就我而言，即使是我的 VIP，也不能随时找到我，因为我根本就不在办公室，不过他们通常都能在来电的当天或者第二天听到我的回话。某一天，我可能允许一位客户把电话直接打到我工作的地方，不过只有在极端的时候我才这么做，而且这种"特许权"对某位客户只用一次。对了，即使是我的办公室，我的助手一星期也只有一个半天值守电话，我的这个"规矩"已经在客户中间广为人知。此外，他们也可以通过语音邮件给我留言。我确实拥有一个坚不可摧的"铁幕防卫系统"。

保持 VIP 名单的时时更新，还有助于你避免失礼，不过，即使你真的失礼了，也不要怪罪你的助手，不要迁怒于她。你必须完全支持全天都在为你过滤电话的人的工作，而只有当她对自己的工作充满信心的时候，这样的"过滤器"才能运转良好。

如果你想让助手设置的"铁幕防卫体系"从强度和可靠性上，堪与匹兹堡钢铁厂在其黄金时期生产的闻名遐迩的钢板媲美，你必须为他们提供适当的工具、设备，必须对他们的工作给予支持。

你必须下定决心，严格执行电话过滤程序。就我而言，任何一天我都会接到几个VIP的电话。有时候，一天还会从其他人那里接到多达二十四五个不知道要谈些什么事情的电话，这些电话有潜在的客户打来的，有图书评论家打进来的，有媒体要与我签约的电话，还有销售人员打进来的电话。如果我全天都坐在办公室并接听每个电话，每个电话平均用时三分钟，那么，总共有一个小时的时间我什么事情也干不了。但是，更重要的是我会受到24次干扰！虽然每个电话只是用时三分钟，但是，我还要另外耗时十分钟才能静下心来，回过头去接着做我被打断的工作，13分钟乘以24次等于5个小时，也就是说我每天光接电话就要损失5个小时。

不过，因为我总是在旅行，很少待在办公室，所以，大部分不是VIP打进来的电话都会被累计起来。那么，一个星期之后我可能会有120个电话需要回复。考虑到我面临的情况，我一直非常坚定地执行一个"来电规则"。首先，我让所有的来电者说明给我打电话的理由，对于那些拒绝说明来电理由的电话，我永远也不会回复。事实上，如果他们不说明缘由，他们的来电根本就进不了我的来电记录，我让助手将这类来电"扔进垃圾箱"，不予理睬，这个策略消除了很多"垃圾电话"。

其次，我让潜在客户通过传真和信件向我书面传送信息，这样我就可以在自己方便的时候翻阅他们的信息了，而且可以灵活地选择回复的形式：可以给他们回电，也可以书面回复他们，可能在回电前给他们先发送有关信息，也可能把他们的信息转给其他人。如果他们不用书面的方式，他们永远也找不到我。我总是对推销人员反复强调这一点，如果他们不按照我的"游戏规则"来"玩"，他们就别想和我成交。当然，我要求他们的语气是温和而礼貌的，不过，也是很坚决、不可撼动的。一般我一星期只会给他人集中回复一到两次，通常情况下，我会通过提前安排，一个接一个地回复，以限定通话时间。

我知道，你已经开始喃喃自语了，在你的商务生活中，你可以找出 52 个理由不能像我这么做，因为你的生意完全不同，而且你的客户根本容忍不了这种交流方式。呸！算了吧！我并不是说我是总统，是教皇，或者什么不可一世的人物，我不过只是一个自重的销售人员，我不过是做了下面这些事情，既然我能做，任何人也都能做：

1. 下定决心。

2. 有意让自己的行为方式控制甚至限制他人对你的随意接触。

3. 训练客户，请相信我，他们是可以被训练的。小时候，我用一个小纸箱训练我的宠物兔子跳回它的笼子去大小便；我还曾经训练一匹赛马自己走回马棚，并用嘴开灯。如果你可以训练一只兔子回自己的笼子去排泄，如果你可以训练一匹马用嘴开灯，你当然也可以训练人们尊重你和你的时间了，你当然可以让他们在几个简单规则的框架下与你打交道了。

或许你完全认同我的方式，或许你不想像我那么"不近人情"，也可能，你甚至都不想像我很多客户和"核心集团"会员——他们改编了我的规则，形成了自己遵照执行的版本——那么"难以理喻"，但是，我敢用得克萨斯州最大的牛排和你打赌，"不近人情"的电话过滤系统绝对能让你获益匪浅，绝对会比你现在的方式效率更高。还是好好想想吧！

安装传真机

接下来，我们该谈谈利用机器设备来掌控时间和提升工作效率的问题。对了，我首先要说明的是，我可不是痴迷于新技术和新设备的发烧友，但是，我确实非常喜欢传真机。我认为，传真机简直太棒了，它确实是我最钟情的"电器"。（顺便说一下，我根本就不知道这种鬼东西是怎么工作的，我只是觉得它很神奇：我往菲尼克斯的一台传真机里塞进一份文件，只需按一个按钮，新西兰的一台传真机很快就能把文件"吐"出来。我不知道传真机算不算高科技，不过，我觉得联邦快递信封上那个自行粘贴的小标签确实是高科技！）不管怎么说，这种神奇的盒子确实有两个非常值得称道的特点，可以真正提升你的工作效率。但是，我

37

们在谈到它的神奇优点之前，还是先来看看这种玩意儿的"阴暗面"吧——是的，传真机当然有自身的"阴暗面"，而这个缺陷正是我最讨厌的。

即时沟通的"阴暗面"

好了，我们来看看传真机有什么问题。给你发传真的人以为他们立刻就能和你联络上，而且马上就能从你那里得到回复。不可思议的是，他们给你传真一份文件，完全如同亲手将文件"啪"地一下拍在了你手里。好像你就坐在那儿，就在传真机旁边，正看着他们传真的文件一点点"吐"出来。他们还可能以为，当传真到达的时候，任何收到传真件的人都会立刻放下手头的工作，拿着传真件冲进你的办公室，无论你是正在与总统会谈，还是正在拜谒教皇，你都会抛开一切马上阅读传真件。这种心态在传真机还是新鲜东西的时候最为严重，不过，即使在今天，这种心态依然很有市场。

传真发送者的这种心态对我来说确实是个问题，有时候还是个严重的问题。一般情况下，每天总是有20封到50封"隔夜传真件"在等着我，而在当天，另外20封、30封甚至更多封传真件还会源源不断地传进来。别忘了，我根本就不在办公室呆着，所以我那位饱受传真件围困的助手会处理其中自己能处理的一部分，其他的则被分门别类，她认为需要紧急处理的，会再传真给我，她认为可以等等的，则夹在每周给我的信件中邮寄给我。即使我在办公室，我也不会迫于别人要我回复传真的压力，让自己一天的计划被别人的传真件打破，我不会受制于他人，被那些在他人眼里很重要的事情牵着鼻子走。所以，我们需要教育客户，需要让他们认识到这一点。

上面一部分我们谈了谈传真，现在我们再来说说电子邮件。对了，我没有电子邮箱，我用电子邮件的次数并不比我用手机的次数多。但是，你一定是用电子邮件的。我刚才谈到的传真机的"阴暗面"，在电子邮件中要"阴暗"四倍。请听好：你根本没有任何义务非要马上、快速地回复随便哪封电子邮件不可，你甚至可以永远也不回复。我想，已经无须我再说什么了，如果你总是试图用一个"软木塞"堵住这样一个不断扩大的"黑洞"，毫无疑问，你会为处理好电子邮件而搞得焦头烂额，甚至会因为难以忍受而最终倒地气绝身亡。

每一种更轻松、更快捷沟通方式的产生，就伴随着毫无用处的信息和垃圾信息的成倍增长。因为发送一封电子邮件太轻而易举了，甚至不需要指使他人走向传真机，所以，任何时候人们偶然想起任何一个狗屁主意，都会发出一封电子邮件。我一位做顾问咨询服务的朋友，每天都要从他的一个客户那里收到8封到20封内容不同、发出时间各异的电子邮件——不管什么时候，这位客户只要有个想法或者有个问题，都会立刻给他发一封邮件。在公司的工作环境中，个人电子邮件已经成了另一个时间吸血鬼，它们就像某个人突然出现在走廊里问你"就占用你一分钟如何？"一样，只是电子邮件的出现更"轻松省力"。

同样，你可以跟我学，当然也未必非要像我那么做不可。但是，如果你像很多人一样，每次传真机响起都迫不及待地冲过去，那么你的工作效率根本就不会高到哪儿去。如果每次发给你的传真到达以后，总是有人拿着它闯进你的办公室，你的工作效率注定会很低。如果你总是不由自主地不停查电子邮箱，就像患上了强迫症一样，或者更糟糕的是每次都立刻回复邮件——其实，你是在提前为自己挖掘坟墓。

对在办公室工作的人来说，我觉得最好的方式就是利用午餐后一个小时的时间翻阅上午到来的传真件、电子邮件和电话记录，并着手处理其中真正紧急的部分，把其他的先放在一边。之后，利用下午下班前的一小时查阅下午到来的信息，并尽快处理其中最紧迫的部分，把其他的信息则排到第二天的工作计划中。对于那些总是处在旅途中的人而言，我的那种策略或许是最合适的了。

对很多很多人说来，电话、传真、电子邮件、联邦快递投递的快件，甚至普通信件都会诱发他们的条件反射，都会立刻冲过去马上回复。如果你从未发生过类似的反射，你可能觉得他们的行为匪夷所思、不可理喻，你不禁会想，这儿到底是谁说了算呢？所以，朋友们，还是好好自行把握吧！

传真的神奇力量

好了，现在我们再回过头来谈谈利用传真机提升你工作效率的问题。首先，如果你能训练你的客户、顾客、同事、销售商和其他人学会用传真而不是用电话和你沟通，那么，这对你而言，就是提高工作效率的一个重大进步。利用传真沟通可以让你免受电话的干扰，同时还能减轻你回电的负担，此外，你收到的信息还更富有条理性。通常，当人们拟写传真文件的时候会清理自己的思路，甚至可能自行获取问题的答案。对你而言，可以在自己觉得方便的时间——可能是传真到达几个小时之后的某个时间，可能在旅途中，可能是任何时间——来处理这些信息。当我回到家里或者旅行到达下榻饭店的时候——我会收到一堆传真件，而不是一沓电话记录和回电留言。你是不是曾经收到过这样的电话留言呢——"请尽快给比尔回电话"？可你就是找不到他，结果你连晚饭都不能好好消化，甚至夜不能寐、辗转反侧，总是在想：比尔到底有什么事情呢？可如果比尔学会了用传真与你联络，你就不会碰到那些麻烦了。

强迫他人用传真而不是电话与你沟通，对你而言工作效率也更高。我曾经注意到别人收到的电子邮件，与我收到的传真件比较起来，传真明显要更深思熟虑些。人们倾向于将多个条目组合到一个传真中，而传达同样多的信息，则可能需要一连串的电子邮件。比起使用电子邮件来，人们在必须拟写备忘录并将其传真出去的时候，更倾向于自行解决某些问题。电子邮件要随便得多，可是，你一定不想让人们随便耗费你的时间，对吧？

对所有这些沟通手段——传真机、电子邮件和手机——的运用你要自行拿捏，但是，无论如何你都要成为工具的主人而不是奴隶。

为 "炸弹" 设置定时器

如果你非接来电不可，那么，当你与对方交谈之前，先行设定一个通话终止时间不失为一个好主意。比如，我经常和对方说：

> 汤姆，15 分钟以后我就要出席一个电话会议，不过，我很想和你谈谈——我希望这么长时间应该够了吧。你觉得呢？要不我们再另行预定一个时间？

滴答，滴答，滴答……

当某人 "顺道来访" 的时候，如果你决定见他，那么，当你把他引到自己的办公室时，同样先行设定一个通话终止时间也不失为一个好主意。

> 鲍勃，这些天我真的没时间接待不速之客，不过，见到你还是很高兴。可我们只有半小时的时间，不能更长了，因为我下午4:00 还有一个重要的电话会。我想，这没问题吧？

滴答，滴答，滴答……

这种亲切、随和的态度可能并不能让你得到嘉奖，但是，你和他人的会面和通话会变得更为简短，也更有目的性。不速之客会逐渐感受到你的取向，给你打电话的人也会逐渐学会先行和你约定一个通话时间，或者他们至少也会为和你的通话提前做些准备，以便使通话的效率更高。我将这种方式称之为"为'炸弹'设置定时器"。我甚至真的在办公桌上准备了一个外形好像六捆炸药绑在一起的闹钟，它有一个定时器，设定的时间到了的时候，红灯会闪亮。在办公桌的中心位置，当它的闹铃猛然响起来的时候，由不得你不注意它。如果你没有这类的玩意儿，至少你应该从口头上先行说明。

你知道，只要你不制止他们，大部分人会吸干你所有的时间。销售人员认为，只要自己能和客户不断地谈下去，他们就会心满意足，就会觉得成交的前途在望。此外，他们还会尽量延长和一位友善客户的交流时间，以此来逃避去开发一个新客户时可能遇到的风险。雇员也愿意用谈话的方式打发时间，因为他们可以以此逃避劳动！所以，谈话有延长到时间允许的最长限度的倾向。

忙起来，而且要让人一眼就看出你很忙

看起来明显很忙的人受到的打扰，要比不那么忙的人会少得多。就像入室盗窃的夜盗会略过某些目标，而特别钟情于那些看起来最容易下手、最安全的盗窃目标一样，那些通过干扰别人而偷盗别人时间、吸吮他人时间的人，也会在办公区转来转去，以发现最佳契机和最容易下手的目标。如果你安坐在办公桌前，看起来舒服自在，手头也没干什么，好了，那就是你了！当然，你也许正在冥思苦想一个破解核弹头威胁的公式，但是这并不重要，因为你繁重的脑力劳动别人看不见。

当别人能看到你的时候，你最好看起来忙得不可开交。

4.

天字第一号最富影响力的个人修养,以及它如何让你的成功超越自己最狂野的梦想

> 下星期不会发生什么危机,因为我的时间表已经排满了。
> ——美国前国务卿亨利·基辛格

    我当然知道会有例外情况,但是,通过我对此 25 年的观察发现,我遇到的和了解的所有坚守这一个人修养的人,都取得了非凡的成功,同时,我遇到的和了解的所有对此不屑一顾的人,都毫无例外地失败了。单单是这样一个个人修养就有如此强大的力量,就能决定一个人的成败吗?

    我在这里谈到的修养就是准时。你要准时,要按照提前的约定,在恰当的时间到达应该到达的地方,不能出现例外,不要强调任何借口,每次都一样,永远都一样。我真不知道应该如何向你说明,我多么深信准时的重要性。不过,我可以谈谈我为什么认为准时无比重要的理由。

首先，准时赋予了你某些权力——也就是说你占有了先机，因为你的准时，你可以要求他人最大限度地尊重你的时间。如果你轻慢他人的时间，或者毫不尊重他人的时间，你就不能指望别人会尊重你的时间。所以，如果你不准时，你就丧失了先机，就失去了权威。守时的人在员工、同事、推销员、客户以及所有人面前都处于强势地位。

丹·肯尼迪的时间管理箴言4

准时赋予人们以力量。

不谙准时之道的医生的痛苦经历

几年前，我曾经有这样一位客户，他是一位脊柱按摩疗法医生，每年的收入有上百万美元，而且员工队伍庞大。但是，让他懊恼不堪的是，他根本不能相信自己的员工会守时。有些人习惯性地迟到，有些人总是习惯吃完午饭后晚回来，有些人则常常不能按时完成重要的书面报告。等等，等等。他尝试过了所有的方法——惩罚不准时者，嘉奖守时的人——但都无济于事。到底为什么呢？我认识这位医生的数年来，我实在想不出他曾经准时赴约过，哪怕一次。有一天早晨，他去饭店接我的时间整整晚了20分钟，而他去接我的目的，是为了让我给他的员工开设时间管理的讲座！令人难以置信的是，我的这位客户从来没有发现如此显见的问题。或许，他的房间里根本没有镜子可以让他"揽镜自照"，反省自己。

准时和诚信之间的显著联系

我坚定不移地认为，一个不能按时赴约的人，一个不能恪守时间约定的人，一个不能坚守时间表的人，在其他方面也不值得信任。

不诚实的本质会从很多方面表现出来，不守时绝对是其中的一项。

尊重他人的时间和尊重他人的观点、所有权、权利、协议和合同之间，具有内在的联系。一个人是否准时，会揭示出这个人的很多内在品质。所以，我将人们是否准时当作首要的原则，用以决定是否和某人进行商务上的往来。而当我偶尔愚蠢地违背了这一原则时，结果总让我懊悔不已。

在这里，我给你讲一个我自己的故事：有一个想和我进行商务合作的人要在机场和我会面，我在那个机场要短暂停留90分钟。我们都说好了，而且，我还用传真和他确认了会面的地点——我乘坐的航班的航站出口，会面的时间就是我到达的时间，之后，我们要去大厅边的航空俱乐部会谈。当我到达机场的时候，那个家伙并没有在出口等我。十多分钟以后，他发传呼给我，告诉我他要在主航站楼见我，因为他来晚了。我需要花十分钟乘坐机场内的电车才能到他说的那个地方，另外，我还得把我们会面的时间再砍掉十分钟，用来回到我的登机口。我要会面的家伙是这样一个人——根本不尊重我们事前的约定，也不尊重我的时间，而且不能打理好自己的生活，因为他居然在自己居住的城市都不能按时赴约。如果他连履行这么一个小小约定的诚意都值得怀疑，人们有什么理由相信他会信守更重要的约定呢？

不过，我还是违背了自己一贯坚持的原则，我按照他说的地点和他会了面，也让他成了我的客户。可以想见，结果一塌糊涂。他说谎成性，还欺骗我，毫无条理，思路混乱，不通情理。他吸吮了我大量宝贵的时间，我花费了数千美元才最终摆脱了他的纠缠。这并不是我生活中的第一次惨痛教训，我想，也不会是最后一次。但是，我依然觉得这是一个非常可靠的原则：

不准时的人不足信。

在近十年的时间里，每年我都要在美国进行 25 次到 30 次顶级的巡回演讲，每次演讲都有 1 万到 2.5 万名听众。在这些演讲中，我有幸与很多知名的演说家、作家、政治家、娱乐界明星和企业领导者一同出现在演讲现场，这些人包括保罗·哈维、拉里·金、汤姆·兰德利、卢·霍尔茨、前总统布什和福特、罗伯勒·舒勒、"曲奇皇后"黛比·菲尔兹、奥运冠军玛丽·卢·雷顿和布莱尔，此外，还有演说家齐格·金克拉和汤姆·霍普金斯，这个名单还可以继续罗列下去。作为全天最后一个发表演讲的人，我前面的演讲者严格守时对我而言是非常重要的，这也是演讲者的职业操守，守时是对听众的尊重，是对演讲主办方的尊重，同时也是对后续演讲者的尊重。大部分演讲者深明此理，而且表现出色。然而，美国国务卿科林·鲍威尔——我曾经有差不多40次要紧随他之后发表演讲——出于某种理由，常常不能按时完成自己的演讲，通常，他总是将演讲时间拖延5分钟、10分钟，甚至15分钟，但是，他至少还能亲切地要求听众静等我的演讲。每年，我都会给他送一个造型滑稽的闹钟作为圣诞节礼物，算是提醒他"我们"之间存在的小问题。

有一次，在这样的演讲会上，我紧随纽约州州长马里奥·科莫发表演讲，他可真是个令人难以置信的"时间饕餮者"。他超出自己45分钟演讲时间的可不止是5分钟或者10分钟——他居然匪夷所思地超时20分钟！在讲台上，这位官员的正对面，就是一个巨大的数字显示器，他用完规定的演讲时间以后，那台显示器的红灯就开始不断闪烁着"00：00"，而且这一信号居然闪烁了20分钟之久！可他就是视而不见。工作人员在讲台边暗示他时间早过了，他依然熟视无睹。所以，直到今天，我依然丝毫不信任他。

一个给人留下好印象的简单方法

现在，我想给你透露一个"成功秘诀"：不过，我并不是唯一一个发现"准时—诚信"之间存在紧密联系的人，我可没那么聪明，我不过曾经被这些东西"绊倒过"，而很多聪明的人、成功的人和富有影响力的人，早就深谙绊倒我的东西是什么了，他们一直在悄悄沿用那个观点，用以判断他们是不是要从某人手里购买东西，用以判断是不是帮助某人，用以判断是不是要信赖某人。如果你不是个守时的人，那么，你希望交好的人则会给你以负面评价。

如果你认为成功人士——那些你希望结交的人士——没有用来判断他人品行的小型"系统标准"，你就太天真了。他们非但有这样的判断系统，而且大部分成功人士还有一套"即时回绝标准"，以节约他们决定是不是要与某人打交道的时间。

就在最近，一家印刷公司的业主通过我们共同的朋友的介绍找到了我，这位印刷公司老板很清楚，我们在印刷品上要花很多钱，所以，他很迫切地想分一块蛋糕的想法就不足为奇了。后来，他拿着精心准备的多种印刷品样本前来会面，他非常详细地给我报价，并对合作做出了热情的承诺。和他会谈的全过程，我一直在礼貌地听他讲，但是，实际上在我还没见到他的时候，我就打定主意不会考虑和他合作了——因为这次会面他迟到了20分钟。太不近人情了？也许。不过，我更愿意将其称之为"立场坚定"。对我们来说，按照之前的约定和承诺准时提交印刷品极其重要。如果我讲座的时间是下周二，我们订购的各种印刷品必须在这个星期三全部送达，我们要在星期四把不同的部分组合到一起，之后，星期五就要送到我将在下周二开设讲座的地方。所以说，晚一天简直就像晚一年一样糟糕。如果我们要启动一个直接邮递广告行动，我们可能会请六七个工人用一天的时间来组合销售广告信函、小册子和订单，同时，还要装进信封并邮寄出去。如果工人们都来了，可印刷品没到，一切就都泡汤了。所以，当一个印刷公司的老板与客户的首次会面都不能准时，我当然会"跳跃性地想到"，我不能指望他会让我们顺利完成工作，不能指望他会按时将印刷品送达。

丹·肯尼迪的时间管理箴言 5

利用一切手段判断他人的品行，不过别忘了，别人对你也自有评价。

我最早的一位商务导师曾经说过，与他约会迟到，只有两个理由是充分的：第一个是，你死了；第二就是，你是故意的。

所以，我们在这里不妨引用卡耐基的名言，如果你想赢得朋友，如果你想感动他人，那么，请准时吧！

此外，如果你想为自己节约大量的时间，如果你想让自己少很多麻烦，那么，不妨把准时当作判断那些想与你进行商务往来的人的标准。

是否准时甚至可以揭示出一个人最深层、最阴暗的心理隐秘吗？

是否准时甚至还能在很大程度上揭示出一个人的自尊心理。我们都知道，那些恶意损毁他人财物的孩子，那些滥用药物摧残自己身体的孩子，那些不采取任何保护措施就随随便便与他人发生性关系的孩子，还有那些用其他方式肆意戕害自己身体的孩子，其实是在用痛苦的方式证明自己的自轻自贱。他们觉得连自己都毫不重要，因此，没有任何人、任何东西是重要的了，从而，那些看起来很重要的人和事，都会让他们愤恨不已。我认为，那些连小小的准时约定都不能信守的成人，其行为不但向你表明你和你的时间毫不重要，同时，也无意中揭示出，他觉得自己和自己的时间同样毫不重要。实质上，他的行为在昭示着自己的自轻自贱。

有些人将故意迟到当作显示自己更重要，或者希望别人更看重自己的手段，他们刻意传递出这样的信息：我可以让你等，因为我比你更重要。但是，对于那些可以清楚解读他们行为的人而言，他们传递出来的信息实际上是：因为你并不怎么敬重我，可我极力想让自己看起来像个大人物，所以，我只能通过窃取你的时间来达到目的了。真是可怜啊！其险恶用心昭然若揭。所以，除非你是"受虐狂"，否则千万别和这类人打交道。

5. 让你一往无前的神奇魔力

如果你非要今天晚上熬夜，明天你就起不了床。
——喜剧演员亨尼·杨曼
如果我早知道自己的寿命是这么长的话，我会更好地照料自己的。
——已故喜剧演员菲尔·哈里斯

在为我母亲举行葬礼的那天早晨，我为本书的第一版写下了下面这段话：

我母亲两天前去世了，实际上她是两夜前离去的，她最后看到的是黑夜，悼念仪式将在4个小时以后举行，现在是早晨6:00。我坐在这儿，坐在电脑前，坐在我家里的办公室里写作。几乎每天早晨，我都要在同样的时间做同样的工作，这是我的"必修课"，至少在清晨的这段时间，无论发生什么情况。我的这种工作习惯也解释了我何以已经出版了5本书，第6本和第7本将在1996年年初付梓，第8本书的合同也已签订，此外，我每月还写作商务通讯，等等。

你可能会误解我，我能感觉得到。我并不是冷酷无情的人，也并不是不爱我的母亲，然而，很久以前我就了解到，规律的生活、良好的习惯、履行承诺和自律与成功之间具有至关重要的关联性。所以，很难有什么事情能让我放弃业已养成的习惯。而大部分人则太容易分心了。无论出现什么情况，我总是坚守我的工作计划，或许，我做得太过分了，但是，大部分人则太容易动不动就把工作计划弃置一边了——比如，手上长了一个倒刺，或者稍稍受了点风寒。

一个 "小个子" 是怎么用 8000 次的成功向我们展示 "神奇魔力" 的？

你们有些人可能知道，我是个赛马运动的狂热爱好者。对我来说，即使是赛马场上糟糕的一天，也比办公室一切顺遂的一天带给我的快乐更多。赛马总是让我想到乔治·伯恩斯在《噢，上帝！》影片中扮演的上帝角色，他站在赛道中间，裤子后兜里插着赛马消息报，上面写着"马是我创造的最好动物，我在赛马场的工作真是可圈可点"。确实，赛马场真的是世界上最有趣的地方。对赛马场的观察，就像我们对其他地方的仔细观察一样，总能发现如何在这个世界胜出的强大信号。

拉斐特·潘凯 46 岁的时候，已经实现了职业赛马骑师的所有梦想。他获得过肯塔基赛马会的冠军，赢得过贝尔蒙特马赛，六次捧回布里德杯，五次获得伊克里普斯大奖（也译为 "天蚀大奖"），此外，他还入选了运动名人纪念堂——高居这样显赫的地位长达 18 年。1995 年，他获得了自己职业运动生涯的第 8000 次冠军。拉斐特·潘凯 56 岁的时候才离开赛场退休。

十年前，你知道，任何赛马权威组织都不会预见到，拉斐特·潘凯依然还会身手矫健地参加赛马，都不敢在拉斐特·潘凯的获胜上下赌注，更不会想到，拉斐特·潘凯的 46 岁到 50 岁的年龄在对运动员来说已经太老了，居然会比以往更频繁地取得胜利。对任何一个人来说，都不会在拉斐特·潘凯的获胜上下赌注。诺兰·赖安在棒球场上对年龄的抗拒和杰瑞·赖斯在橄榄球赛场上不服老是一回事儿，但是，年龄对职业赛马骑师而言，则是另一回事儿。拉斐特·潘凯必须让自己的体重保持在 115 磅左右。按照他的身材，正常体重应该是 140 磅，考虑到他的年龄，如果是常人，肥硕的腰腹还会增加 10 磅、20 磅甚至 30 磅的体重，但是，拉斐特·潘凯的体重却一直保持着 115 磅。

对大多数人来说，单单需要长期保持精神紧张这一点，就足以毁灭他们保持体重的愿望了。拉斐特·潘凯一定比其他人学过更多关于营养、瘦身和节食的知识——因为他必须对此了如指掌。他必须精确地了解他吃进嘴里的每一口食物的热量和脂肪数量。当他为自己准备食物的时候，他必须精确计量每种营养成分的比例，他不能吃的食物之多，其名单可以罗列成一本书。为了满足味蕾的"贪婪"，为了"欺哄"味蕾，有时候，他会嚼一块蛋糕或者一点"甜食"，之后，再吐掉，就像烟鬼嚼完烟草再吐掉一样。每一天，每一顿饭，他都必须严格控制自己。在他那个年龄，如果在饮食上稍不留神，就会增加一磅体重，而那一磅体重则很难再减掉了。

大部分时间，拉斐特·潘凯都会穿上厚暖的衣服，沿着他要参加比赛的赛马场顺时针快步走，比赛的当天，他的锻炼时间会在允许的情况下尽可能地延长，以充分利用上午阳光的温度消耗体内多余的水分。他每天都严格遵守不可撼动的锻炼计划。以他每一盎司体重、每一英寸肌肉来看，拉斐特·潘凯或许是身材保持得最完美的美国运动员了。他身体多余脂肪的比例趋近于零，几乎检测不出来。如果他的身材像施瓦辛格一样高大的话，拉斐特·潘凯的肌肉完全可以和他媲美。一位运动医学整形外科医师说，拉斐特·潘凯的体型是美国橄榄球联盟后卫球员完美的"迷你型"复制品。

自律是让你一往无前的神奇魔力。

我们不要忘了，这个"小个子"不但要骑上，而且还要控制体重达 1000 磅的"大牲畜"。如果你看过受过良好训练的纯种马的马赛，你很轻易就可以看出，骑师的工作并不轻松。从体型上看，他们就像栖息在大象背上的鸟儿，所以，骑师不可能用蛮力控制住赛马。骑师当然需要有力量，但仅有力量还是远远不够的。赛马对自己的骑师要么敬重有加，要么满不在乎，而拉斐特·潘凯总是能得到赛马的敬重。这个体重 115 磅非凡毅力的化身和自律的典范，甚至赢得了牲畜的尊重，当然也获得了人的敬重。

如何让世界满足你所有的欲求？

　　拥有和赢得他人的尊重，是一个人生活中的巨大优势，这个优势来源于自律。而在他人面前富有优越感，则是一个人的另一个强大优势，这个优势同样源自自律。高度自律的人无须用枪口指着他人才能获得自己渴望的东西，人们会"感觉"到他的力量，人们会心甘情愿地将自己的一切奉献给他。

　　看看大多数人的自律是多么微不足道吧。我承认，我远比不上拉斐特·潘凯。美国最优秀、最幽默的演说家之一查理·贾维斯曾经谈到，他从一次旅行回家之后，向妻子坦白，在机场的快餐食品店，他完全弃节食计划于不顾，狼吞虎咽地吃了一块士力架，当妻子指责他"馋嘴"时，他说，他已经表现出了极大的克制："我本想把食品店所有的士力架一扫而光的。"我不得不承认，我自己也曾经多年耽于美食，毫无顾忌。不过，即便那样，与我观察到的大多数人比较起来，在自律方面，我还是高出一筹的。近来，我必须比以往更严格地控制自己的饮食，我从体重最高峰已经减掉了 45 磅，并一直保持下来，现在，我不需要服用处方药物就能很好控制自己的糖尿病了。因为身体的缘故，我必须时刻留意血糖水平，所以，每天我都要吃差不多 50 种不同的维生素、矿物质和植物类食品。和一天不吃垃圾食品就难受的"心宽体胖"的美国人比较起来，我做得确实不错。2003 年，在美国橄榄球联盟举办的集训夏令营中，体重超标甚至"失了人形"的儿童达到了创纪录的数量。

　　我注意到，自从我减掉大量脂肪并使身材保持良好状态之后，我的收入也同步增加了。这是巧合吗？也许。是身体变化和其他因素结合的结果吗？可能。但是，这个变化很可能无可争议地表明，客户对一个自尊自爱、克己自制、有良好自律习惯的人，会下意识地更有信心，会更信任，会更愿意与其进行商务往来，会更容易接受他提出的报价。请原谅我这么说，不过，"食物"确实能决定思想。

当我写作本书第一版的时候，一位名叫夏侬·福克纳的女士，刚刚结束了一场持续了两年时间的战斗，她的"战斗"目标就是要进入全部由男性组成的"大本营"——南卡罗来纳军事学院。她在学校的出现，遭到了学校当局、员工、学生和学校校友的强烈反对。她来到学校那天，是被武装卫兵护送进去的。入学一星期以后，她退学了。将政治性的争论放到一边，我想，她或者和她情况类似的女性应该能够赢得大量年轻军官的尊重，应该能够获得很多人的支持，应该在学校寻求到自己的盟友，也应该顺利完成学业的——但是，令人难以置信的是，虽然她知道这种军事学院对学生的体能和心理的要求极为苛刻，虽然她知道自己的经历不可能轻松，但是，经过了两年的准备，她还是以体重超重20磅、很显然无法应付艰苦训练的身体状况出现在学校里。第一个高温训练日，夏侬·福克纳就因为中暑被送到了医务室，当然，也有四位男性年轻军官因为同样的问题和她一起去了医务室，不过，只有四位。她没能熬过学校的艰苦生活。如果她此前能严格自律，从而能为不可避免将要经历的体能和心理"炼狱"做好充分准备，那么，首先，她无疑会赢得他人的尊重，并进而挺过来；其次，她也可以凭借自己的充分准备在学校茁壮成长，

57

并最终取得成功。但是，最近在美国，人们觉得他们已经不需要赢得任何其他东西了，他们志得意满，知足常乐。

看看大多数人的自律是多么微不足道吧。与我合作的成百上千位企业所有者都曾经告诉我，他们的员工中，有超过半数的人总是频频迟到。不妨问一问任何规模企业的任何一个老板，他们都会告诉你，行动迟缓和缺勤旷工已经成了企业的严重问题。人们甚至连早上按时起床的自律都没有！看起来，大多数员工的读、写和计算能力都指望不上，也不能指望他们会自行提高自己的工作能力和工作技巧。（我想，这也是他们为什么会被自动化设备取代、他们的工作机会为什么被转移到国外，以及为什么他们会被所有可能的其他手段所取代的原因之一。）

在我自己的生意中，我发现，超过一半的人不能准时赴约，不能信守之前达成的电话约定。客户常常不能出席提前约定的培训课程。销售商则习以为常地错过约定的交货时间。

伍迪·艾伦曾经根据自己的观察得出这样的结论：成功的一半来自"露面"或者说"到场"。艾德·佛曼——一位炙手可热的励志演说家，一位非常成功的商人，同时，我想也是唯一一位在不同时间代表两个不同的州入选众议院的先生——说，只要你能做好三件事，在大部分领域中你都能快速获得成功：

1. 露面。

2. 准时露面。

3. 准时露面，并投入工作。不过很少有人能做到这点。

拉斐特·潘凯始终总是适时出场，始终准时出场，每次出场都付出110%的努力。

在企业家工作的环境中也是一样。在准时到场的环节和进入工作的状态环节有很多问题。（工作不要搁置，不要显得没精打采，不要心烦意乱。）单单是满足约定的期限要求和信守承诺，就能让一个人鹤立鸡群——他的形象显赫得会像停泊在爱荷华州大片玉米地中的外星飞船一样。按时完成工作的能力以及第一次就完美完成工作的能力，可以为你吸引到大笔的合同，为你创造出大量的机会和资源。所有这些都源于自律。

丹·肯尼迪的时间管理箴言6

自律拥有不同寻常的吸引力。

善于在某一项特定的工作上自律，就像我在写作上的自律和拉斐特·潘凯在保持体重上的自律一样，确实可以产生神奇的魔力。当你将自律专注于某一个目标的时候，就像阳光透过放大镜投射到某一个物体上一样，看吧，所有的障碍都会在你面前隐退，所有的大门都会向你洞开，当你一路走过的时候，会引来旁人由衷的礼赞。

时间管理和自律之间存在难分难解的联系

要想高效地配置时间资源，要想专注于自己的目标，需要你严格地自律。俗话说，"通往地狱的道路是由良好的愿望铺就的"。对此，我深信不疑。尽管有些人很难相信，不过，我确实是这个星球上最懒惰的人之一。我没有什么驱动自己工作的内在动力，每天早晨，我都要进行一番"思想斗争"，都必须强迫自己爬出被窝走进工作室。出门在外的时候，我常常坐在床沿瞪着笔记本电脑，就我应该干的工作，与懒惰的自我斗争。我也可能把一切都忘得一干二净，我会在海边找一张吊床，美美地睡上一整天。

我想，这是很多非常成功的人的隐秘，我觉得，他们私下里也会很慵懒，但在必要的时候，会异乎寻常地严格自律。

因为企业家是自己的老板，可以在自己的时间里率性而为，所以，自律对他们尤其重要。如果一位企业家是一个松松垮垮、放任自流、毫无原则的老板，那么，他永远也不会成功。只有那些对自己严苛得像粗暴的工头儿一样的企业家才能在这个世界上胜出。

60

"成功之路有迹可循"

托尼·罗宾斯说："成功之路有迹可循。"造物主觉得，在任何地方都留下成功之路的蛛丝马迹是个好主意，这样，如果你睁大眼睛，你在任何地方四处打量就都能找到它们。你可以在赛马场的赛道或者其他任何地方找到成功之路的踪迹；你可以在看电视的时候发现成功之路的踪影；你可以在翻开一本杂志的时候发现把你引向成功的线索；你可以在大街上驱车驶过的时候，从两边的企业中找到让你成功的线索。

有一点看来是普遍的，那就是，我们可以在所有成功者的身上都发现显要的自律品质。

优秀的成功学教育家厄尔·南丁格尔曾经说过，如果你找不到真实的成功典范，那就看看其他人都在做什么吧，千万不要像他们一样做，或者说要反其道而行之。事实证明，这个建议对销售人员和商界人士来说非常有效，但是，对于那些在贫民区长大的孩子而言，对于华盛顿初出茅庐的政治家而言，这个建议同样极富价值。

当你环顾四周，观察一下我称之为"平平庸庸的大多数"时，你会发现，他们身上的一个共同点就是缺乏自律。

6. 受用无穷的十个时间管理技巧

我会按时毕业的，无论花费多长时间。

——匹兹堡大学一位老牌篮球运动员

人们固执地认为，在我所从事的信息咨询业中，还有瘦身、节食以及理财咨询服务领域里，一定有什么他们尚未知晓的"秘诀"，甚至这种行业的成功是通过阴谋手段攫取的，一旦他们了解了其中的奥秘，那就万事大吉了。如果你在广告领域、市场行销领域或者销售工作中抱有这种观念，或许会有帮助，但是，在其他地方，这种观念非但毫无用处，而且还可能给你造成错觉和伤害。就时间管理而言，我敢向你保证，世界上根本没有你尚不知道的"灵丹妙药"，没有什么创新的、让你恍然大悟的、由计算机设计出来的窍门，此外，任何花花绿绿的所谓"秘籍"都不能改变一切。

就时间管理而言，只有实施得一塌糊涂的优秀策略，只有贯彻得很好的蹩脚策略，几乎没有什么真正全新的、革命性的策略。本章就提出了十个可圈可点的时间管理策略，不过，它们实在没有什么令人震撼之处，也没有什么革命性的意义，而且很可能是你早就知道了的。因此，时间管理在于执行，而不在于什么创新。

在瘦身行业流传着这么一个"笑话"，我发现，当我提供市场咨询顾问服务的时候，也反复听到这个笑话：如果确实有一种节食方法奏效的话，那么，世界上就只有一种节食方法。可能，你并不认同。不过，如果确实有一套对所有人都极为有效的时间管理体系的话，那么，世界上就只有这一套有效的时间管理体系。令人振奋的是，在某种程度上说，确实只有一套有效的时间管理体系，我在本章将全部呈现给你。

如果你曾经读过所有的时间管理典籍，如果你曾经聆听过时间管理讲座，此外，更重要的，如果你曾经观察并分析过那些取得显赫成功的人士的行为，你会发现，他们所使用的时间管理技巧，都可以"浓缩"为十个环节，而这十个环节可以让你受用无穷。好了，为了节约你四处寻找的时间，我还是一股脑儿把它们呈现给你吧。不过，我要说明一下，并不是所有的十个技巧都适用于你，看完了这些技巧，我想，你还需要找到适合自己的有效途径。

63

技巧 1：驯服电话

就像我在前面详细谈过的，你必须从电话的"虐待"中逃脱出来，当然，还有传真、电子邮件以及类似的其他东西。如果非接电话不可，也要尽量少接。要在自己方便的时间回电话。因为电话是让大多数人心烦意乱的第一号干扰因素，所以，你在应用这一时间管理技巧的时候，必须斩钉截铁。

技巧2：最大限度缩减开会时间

利用一切可能的手段，最大限度地缩短你在正式会议上耗费的时间。大部分会议在结束时仍然没有结论，毫无成果可言。

我曾经与这样一家公司打过交道，每次打电话过去，我要找的人总是"正在开会"。这家公司有六个会议室——多么恶劣的征兆啊！如果诺亚当时召集建筑师、室内装潢专家、牧羊人、驯狮人、航海家开会研究。天啊！我们早就都成了鱼虾了。会议从来解决不了什么问题，我对会议厌恶透了。

对了，我有一个"小花招儿"，为我节约了大量时间：不要约定在餐厅或者类似的地方与人会面。十有八九，他们会让你在那儿坐等。多年来，当我呆在办公室的时候，如果我要与某个人共进午餐，我总是让他先来我的办公室，之后，我们再一同去餐馆。所以，如果他们迟到20分钟，我还可以在那20分钟内干些工作。如果你必须去餐馆一类的地方与人会面，别忘了带些东西看，或者索性把工作带过去。

对很多人来说，会议室是"躲清闲"的好去处，是满足虚荣的理想场合，是向他人炫耀自己、显示自己是个人物的场所。但是，并不是真正干工作、完成工作的地方。你需要制定一套"逃避"会议的策略。如果你要主持会议，那么，你需要一个简化会议程序、专注于会议议题的策略。如果你非出席会议不可，那么，你需要制定一个适时从会场"出逃"的策略。

技巧 3：绝对准时

参见第四章。

技巧 4：设计并有效使用清单

在我们这个世界上，没有哪一种时间管理系统或者时间管理规程会不考虑设计和有效使用清单的，因为你不可能把所有的信息都装在脑子里。多年来，我一直在使用四种基本的清单：

1. 我的日程表。上面有我全年每一天的时间安排。

2. 待办事项清单。我的"待办事项"是按照每月、每星期和每天要做的事情组织罗列的，并按照事情的优先顺序分成 A 级、B 级和 C 级。据说，管理咨询专家艾维·李曾经将编制待办事项目录的想法，以 2.5 万美元的价格卖给了亿万富翁、工业家安德鲁·卡内基的副手查尔斯·施瓦布。查尔斯·施瓦布从中大获裨益。我想，它对所有人都是适用的。

3. 电话联系人目录。我的第三个清单是"电话联系人"目录，也用字母标注上优先顺序。

4. 会谈列表。我的最后一个清单是"会谈列表"——我为频繁联系的每个人单设一张纸，上面简要记下我要与他们谈到的问题要点，这些问题是我平时偶然想到的。

老实说，我的这些清单都是写在一张张便笺上的，我总是把它们叠起来装在兜里。我得承认，这可不是一位时间管理"专家"的"光辉形象"，但是，我发现，这种"寒酸"的方式对我来说，就像我曾经尝试过的其他更有条理、更正式的方式一样有效。过去数年来，我尝试过计时器和其他几种时间管理设备，我甚至还自行设计过一种时间管理器具。不过，设计和使用目录清单的"魔力"本身，要比使用什么特殊的器具、媒体和格式重要得多。

顺便提一下，如果你是个"无拘无束的人"，你可能觉得这类清单会让你的时间安排处处受制，就像赛马骑师错误地买了一条号码太小的马裤一样。实际上，一旦你习惯了使用这类目录和清单，你会发现，它们可以让你的精神和创造力得到空前的解放。为什么呢？因为你在纸面上记录得越详细，你就越不需要动用自己的记忆，也就越不必担心自己会遗忘什么了。毫无疑问，你的头脑就可以用在更重要的事情上了。

我还使用"情节串连图板"来计划自己的日程（情节串连图板：带有大概情节的挂板，描述正在被推出或制作的电影、卡通片、电视片或广告中的连续画面中的情节、行为或人物——译者注）。就像在推广电视节目和电影中所使用的那种情节串连图板一样。我的演讲伙伴、《突破思维》（Think Outside the Box）一书的作者麦克·万斯向人们传授过这种方法。过去几年来，我曾经邀请麦克·万斯为我的"核心集团"会员讲授过这种时间管理技巧，其中有一位会员和客户学会并应用这种方法以后，取得了很好的效果。

我常常感到纳闷，为什么人们在制订自己的日程、计划和名单的时候，非要依赖掌上电脑或者笔记本电脑不可呢？我经常能碰到这种情形，他们为那些设备将所有的信息全部抹掉，只留给他们空空的屏幕而懊恼不已，或者正要急用的时候，电池没电了。到现在为止，我兜里的三折便笺纸和钢笔还从来没有愚弄过我。

最后说一下，无论你用纸笔，还是用电脑，你都应该为自己建立有效的、便于取用的日程管理系统，如果你不建立清单系统，很可能你也挣不了多少钱。

技巧 5：将所有的事情都和目标联系在一起
（这也是为什么没有更多百万富翁的缘由）

我的演讲伙伴吉姆·罗恩经常说，更多的人没有成为百万富翁的唯一原因就是，他们没有成为百万富翁的充分理由，根本就不是因为缺乏机会！环顾四周，你拿起任何一本杂志，都会看到这样的文章：人们利用某些普普通通的想法，甚至是怪异的想法，最终成了富翁。你拿起任何一本杂志，也都会看到这样的文章：某人在贫穷的境遇中挣扎出来，最终抵达财富彼岸。可是，为什么更多的人没有成为百万富翁呢？因为他们没有足够的理由非成为百万富翁不可。

同样，我坚持以为，更多人缺乏工作效率的唯一理由，就是他们没有非要高效率工作的充分理由。所以，成功人士工作高效的秘密，在于有更高效率的更充分的理由。这也是为什么你必须把你所有的工作（还有你不做的工作）与自己的目标联系起来的原因。

坦白地说，做到这一点并不容易。你一定听到过这样的谚语：当你的脖子被鳄鱼咬住的时候，你很难想到你来池塘的最初目的是为了排干池塘。老实说，我自己都记不清了，我曾经有多少次将自己的脖子暴露在满是鳄鱼的池塘里，我深知，哪怕只用一只眼紧盯目标不放也会困难重重。但是，专注于目标才是一切，只有专注于目标，才能完成目标，只有专注于目标，才能创造出最高的效率，稍后，我会解释这一点的。

20 世纪 80 年代，"效率"是个如雷贯耳的时髦语汇。各色人等四处游走，向企业和商界人士传授任何可以提升效率的"绝招儿"——但他们从未为效率下过定义，（我觉得）他们甚至根本不知道到底什么是效率。一时间，企业中充斥着各种各样的理论和学说，"戴明主义"、管理层收购、企划，等等。但是，这些理论和学说探讨的都是无形的、不确切的、难以捉摸的东西。

如果你想取得个人效率的最大化，你必须先行定义什么是最高的个人效率。

我们不妨来听一听这样一则笑话：一个妻子说服了自己的丈夫——一位狩猎迷——带自己一同参加他们每年一度的猎鹿活动，这样，她就能知道这类活动到底有多么刺激了。为了不让妻子受到伤害，丈夫把她安顿在了山脚下，并告诉她，如果她看到了鹿，就向天鸣枪示意，只开一枪就够了。之后，他和其他狩猎伙伴走进密林，向着林中小溪进发，那是个鹿经常出没的地方。大约十分钟以后，他们听到了枪声，不过，不是一声，而是四连发。他们跑回山脚，看到妻子正站在那儿，手里的猎枪指着一匹倒毙在地的马旁边的一个家伙。那个家伙说，"好了，女士，这只'鹿'归你了，不过，你至少应该让我把马鞍带走吧。"

如果你连最高个人效率都不知道是什么，你怎么可能达到个人工作的高效率呢？

好了，下面就是我给出的定义：

效率就是深思熟虑地、策略性地善用你的时间、才能、精力、资源以及机会，以采用一种可度量的方式，逐渐将你引向自己明确的目标。

请注意，这个定义是以你已经有了目的明确的目标为前提的。我不知道哪个领域的哪个成功人士不是目标导向型的人，我不知道哪个人不是凭借可度量的、日复一日的步骤走向自己的目标的。成功激励协会的创办人保罗·梅尔曾经说过，如果你在生活中没能完成你认为自己应该完成的目标，那是因为你的目标订立得不够明确。但是，我给效率的定义还不止这些，我的定义表明，如果你没有目标，事实上，如果你的行为就不能与目标相关联，你的效率就不会高到哪儿去。也就是说，如果没有衡量你行为的标准，你就不会有效率。

这个定义给了你轻易判断自己行为的标准——你度过的每分钟、做过的每项工作和每个选择是否有效率的标准：

我正在做的事情、我的这一分钟是不是让我更接近目标了呢？

不过，公平地说，作为人类，我们不妨大胆承认，没有哪个人能够——或者应该——始终用"是"来回答这个问题。我们需要、渴望也应该花些时间轻松聊天、看棒球比赛、参加政治论争、读些诙谐的戏剧作品，或者发呆打发时间。但是，你做这类事情的时候，一定要有清楚的意识，要有所选择，而不是率性而为或者被他人牵着鼻子走。

我得说，对这一问题回答为"是"的比例只要达到50%，那么，这个人的效率就足够高了。顺便说一下，单单关注"衡量指标"一项，就可以大大提升你的时间效率；只是向自己提出这个问题，也会显著提高你的个人时间效率。是的，运动员可以告诉你，只是关注衡量指标一项，就足以提高他们的运动成绩。

技巧6：用"到期票据登记簿" 解放你的记忆力

我的记性就像一个钢阀门，而且是一个锈迹斑斑的钢阀门，很多东西总是从那些锈蚀的孔洞渗漏出去。比如，人们的年龄（我知道其年龄的唯一一个人就是我自己）、生日、纪念日、假期和人们的名字，常常让我的大脑"卡壳"。为此，我写了一首具有西部风格的歌曲：《我爱我的妻子，但我不记得我住在哪儿了》。反常的是，我能准确地回忆起20年前老歌的歌词，能依稀记起不见经传的演员的名字，还能记住某些毫无用处的琐事。如果我可以凭良好的记忆对人们的问题对答如流，我早就去《美国名人智力竞答节目》了，我会挣很多钱的。好了，不开玩笑，我确实需要某些工具和某些方法来替代自己的记忆。"到期票据登记簿"就是我的最爱之一。

这个时间管理技巧，我越用越喜欢，尽管比起我这种四处游走的人来，它更适用于做案头工作的人。这种技巧很简单：你找90个文件夹，第一组的30个编号1到30；第二组的30个用蓝色的文件夹，也编成1到30的号码；30个白色文件夹作为第三组，编号同样是从1到30，这三组文件夹分别收录当月、下月和下下月的有关文件。会计们常常采用这种方式，以确保按时付款。（我们在公司里就用于这个目的）它几乎无所不能，假设你下月的10日要和一位客户谈些特定的事情，那么，你可以把那位客户的背景资料、有关的信件或者手写的会谈要点，装进编号为10的蓝色文件夹，之后，就不用去想它了。到了下月的10日，这个文件夹自然会从一摞文件夹中跑到最前面来，提示你与这位客户的有关安排。如果使用得当，这些"到期票据登记簿"可以大大减少你日程安排的混乱状态，可以省去你很多脑力工作，而且有助于打理日常工作。

是的，我知道无论是桌上电脑，还是笔记本电脑，都有功能类似的"联系人管理程序"，如果你想使用那些程序，只管去用好了，悉听尊便。有人热衷于使用新技术手段，并不是因为它们更有效，而是因为已经有了技术手段，对我来说，坚持用电脑"联系人管理程序"，而不是采用"到期票据登记簿"的时间管理技巧，就是说明这一点的一个典型例证。如果我在笔记本电脑中设置"到期票据登记簿"，我需要先把内容输入进去，每次查看的时候，还要先看一些无关的东西（与当时的日程不相关的安排），才能找到要找的安排，此外，电脑里还不便于输入"大部头的东西"——比如，关于某位客户的所有文件，长达 56 页的商业信息片方案，你随时想到的主意等等。不过，无论你是用手工操作还是借助电脑，这种方式都是一种非常有效的时间管理技巧。

技巧 7：锁定你的时间

现在，让我们来看看那些能一贯保持工作高效的人士的真正"绝密武器"：和自己设定不可撼动、不能失约的约定。你知道，我们在信守自己和他人的约定方面，总是能做得很好，也就是说，我们都有信守约定的能力，那么，我们为什么不用这种能力来完成工作呢？

　　我将在十二月完成本书的写作。完成本书的书稿之后，在我下一年的日程中，有 9 天时间用于为 45 位黄金会员和 VIP 会员提供电子远程培训课程；22 天用于为 VIP 会员群体和白金会员群体提供策划咨询，这种策划咨询工作需要 8 天的旅行时间；5 天时间用于演讲，演讲需要 3 天的旅行时间；10 天用于提前安排好的度假。这样，365 天中，57 天就被锁定了。节假日、为几个人过生日、看"超级碗"橄榄球比赛之类的事情需要占用 10 天的时间。这样，一年可供做其他事情的时间就剩下 298 天了。空闲时间、没有锁定的时间越少越好，锁定的时间越多，漫无目的浪费的时间自然就越少。所以，我还需要锁定更多的时间，每月我要为黄金会员录制课程磁带，需要一些时间写作会员业务通讯，还要做些重复性的事情。在计划每周的时间安排时，我将早晨的时间锁定于写作，星期一和星期三晚上用来参加轻驾马车赛。在一年的计划中，在接下来的季度计划中，在下个月的时间安排中，以及在下周的日程中，我都尽可能缩减"无所事事"和没有任何安排的时间长度。之后，对待这些锁定时间的态度——尽管是工作约定，尽管是为自己设定的约定——我都会像对待收费演讲或者提供咨询顾问服务的态度一样，毫不动摇。

　　就我的工作习惯而言，人们最经常问到我的问题是，我是怎么写作了那么多文稿的同时，还做了那么多其他事情的。好的，让我们先一起简略地看看，我一年中的安排都有哪些吧。演讲；用 30 天到 40 天的时间为新客户提供咨询服务；一年中的任何时刻，都要为二十四五位客户提供咨询顾问服务；要出席几个为期数天的重要会议；要管理我的出版和邮寄订单业务；要参加一些商务活动、投资活动；还要参加赛马。此外，更重要的，每年我还要为商业性出版机构写作至少一本书；要编辑每月一期的会员业务通讯；要为客户写作大量的广告文案。我是怎么完成如此之多的写作任务的呢？

答案有两个。首先，每天早晨我都至少要写作一个小时的时间，基本上雷打不动。早晨起床以后的第一个小时，有时候是5：00到6：00，通常是6：00到7：00，偶尔是7：00到8：00之间的时间，我都要用于写作，无论在家里，还是出门在外，无论是工作日，还是周末，无论是筋疲力尽，还是神清气爽，无论是才思泉涌，还是灵感枯竭，都坚持不懈。如果为客户提交广告文案的期限很紧，我会把早晨这一小时的时间用于写作文案。大部分时间，早晨的第一小时用来写作自己的书稿、教程和业务通讯。第二，我常常提前锁定几个星期的时间，偶尔也会提前锁定几个月的时间，作为和自己预约的写作约定。如果我不用这种方式"锁定时间"，我敢保证，我写作的文稿不过只有目前总量的一小部分，而且还会被紧迫的时间追赶得狼狈不堪。

几年前，我曾经为一位按摩疗法医生刚刚开业的诊所提供咨询顾问服务，我建议她每周将诊所关闭一天，我将这一天的时间称之为"市场日"，我建议她将这一天的时间全部用来给病人打电话回访、拜访健康食品店、举办商务活动、发表演讲，等等。如果等到"时间允许"的时候再来做这些事情，毫无疑问，这些卓有成效的活动永远也不会完成。

简而言之，如果你在面前展开日历，尽可能多地提前安排未来的时间，或者尽可能多地锁定未来的时间，同时尽可能提前安排——要将这些安排"镌刻在大理石上"，而不是用铅笔轻描淡写地记录下来——那么，你留给自己无所事事、没有任何正式安排的时间就很少了。此外，通过将时间锁定在重要的、更有价值的事情上，你还可以一次又一次地防止他人"破坏"你最富价值的工作和活动——也就是那些在你日程安排中，从排在第一位到第十位的事情。

技巧 8：尽可能减少计划外的活动

减少了计划外时间的花费，减少了计划外的活动，自然而然地，你就减少了时间的浪费。

如果你仔细观察一下身边的情况，你会发现，大多数人只是"来上班"而已，他们来到办公室，只是对出现的情况被动反应。如果你让他们告诉你他们当天的计划，你会发现，一天中，他们只安排了一两件事情——其中的一个还常常是吃午饭。或许，他们松松垮垮的"待办事项"名单上也可能还有其他几个事情，不过，所有计划外的时间都被轻易放走了，如果一天即将结束的时候，或者更好的是，在一星期的工作即将结束的时候，你再问他们，他们肯定不能告诉你自己的时间都花在哪儿了。

就像不知道自己的钱都花到哪儿去了的人注定会穷困潦倒一样，不知道自己的时间都花到哪儿去了的人也注定没有高效率，而且通常也会穷困潦倒。

理想的状况是，你应该从头到尾，半个小时、半个小时地计划自己一天的时间安排。

如果你的工作内容像我的工作一样，那么很重要的一点就是要珍惜每分钟、每小时的时间，要与时间赛跑、与工作完成期限赛跑。如果你提前确定了所需的时间，并设定了完成的期限，那么每项工作都可以更快、更有效地完成。这种方式同样也减少了计划外的活动。

技巧9：善用"零星时间"

塞车了？磁带和 CD——应该是古登堡时代以来发明的最伟大的教育媒体了吧——轻易就可以让你将自己的汽车廉价地转变成"教室"，在这间"教室"里，你可以聆听美国最优秀演说家的激情演讲，可以提高自己的文学修养，可以置身于笑声满堂的喜剧俱乐部，还可以举办一个莎士比亚节。几乎所有声名显赫的自我提高课程、销售训练课程、市场和企业管理专家的远见卓识、作家和演讲者的书籍和讲稿，都有各种各样的有声读本。不过，还远不止这些，任何主题，从专家、声名卓著的大学教授的见解，到营养、健康和健身权威的论述等，都有有声读物。录制在磁带或者 CD 上的书籍，为人们提供了美妙的阅读体验，所有的读本——从最伟大的文学作品，到新近出版的小说——应有尽有。如果你想尝试一下轻松疗法，你可以听听传统的喜剧，或者听听鲍勃和雷等人的著名喜剧录音，也可以在现代喜剧明星的精彩表演中放松自己。在这间"教室"里，你可以利用要不也是浪费的时间来学外语、提高自己的记忆力、提高自己的数学能力，你要做的，只是把磁带或者 CD 放进去。

在机场或者办公室等待的时间？不妨带一个磁带随身听或者 CD 随身听，戴上耳机；或者在这些时间看几本杂志和商务通讯。别忘了，要随身带一个记事本和一支笔，这样你就可以把某个突然迸发出来的某个绝妙想法记下来。在这些时间里，你还可以带些可以随时扔掉的读物，或者做些心理驱策的头脑练习（详情参见本书第十二章）。就像人们在华盛顿常常谈到的，这里十亿美元，那里十亿美元，用不了多久你就花出去了数量可观的钱。是的，这里浪费 5 分钟，那里浪费 10 分钟，很快一个小时就没了。

技巧 10：避开高峰

为什么还要给已经非常艰难的生活雪上加霜呢？

利用这个时间管理技巧的方法很简单。比如，不要在星期五去银行，尤其不要在上午 11：00 以后和每月的 1 日和 15 日去银行；不要在节假日前的周末去超市；不要在提高利率的第二天去邮局（令人遗憾的是，在这天去邮局的现象越来越流行）。

我想，所有的人都知道这类事情了吧。但是，除此之外还有一些其他类似的"集群"情况和场合，你也需要尽量避开。我在菲尼克斯生活了 24 年，如果我上午 9：00 以后出发，从家里驱车到办公室只需要 10 分钟时间，但是如果我想在上午 7：30 到 8：30 之间去办公室，往往要花上半小时甚至更长的时间。感谢菲尼克斯市政当局禁止左转弯的白痴交通管理措施，因为要想到达目的地，三次右转弯、绕过一个街区，比在一长串车的后面等待一个左转弯，常常更轻松也更安全。

出门在外的时候，我也尽量避免在上午 8：00 和 9：00 之间、下午 4：00 和 6：00 之间登记房间和退房，因为那两个时间段常常是所有人办理登记房间手续和退房手续的时候。如果你能留意这类事情，同时，据此安排好自己的工作和生活，那么除了能节约大量时间以外，你还少了很多麻烦。

7. 如何将时间转化为财富

> 成功只有一种——那就是按照自己的方式安排自己的生活。
>
> ——克里斯托弗·莫利
>
> 每一个行为，都有另一个同等效力的行为与之对应，都会受到反对的批评。
>
> ——佚名

有一则古老的笑话说："我曾经非常富有，我也曾经贫困潦倒，富有的感觉绝对更好。"没错，我完全同意。我丝毫不会为自己努力奋斗挣钱、为教导别人并激发别人也要努力挣钱而感到良心不安。此外，我确信，你当然有权利寻找用最少的时间挣最多钱的途径。如果你能坦然地接受这种不言自明的建议——"要聪明地工作，而不是刻苦地工作"，那么，你将力量倍增！我觉得，通过累断了腰或者长时间工作的方式挣钱，并不是什么英雄气概的体现。

我的白金会员兰·力格兰德曾经买入和"抛出"过数以千计的不动产，每年，他都将自己在房地产投资中获利的经验传授给数千位投资者，他有一句口头禅："我做得越少，挣得越多。"很显然，这样的观念很容易被人误读。不过，兰·力格兰德对投资之道确实乐此不疲，他学会了如何专注于可以直接转化成财富的工作。

我想，我的与众不同之处在于，我有机会与一百多位第一代百万富翁企业家密切共事，他们中的大部分是通过从零开始创立并建设自己的企业而成功的，很多人的财富很快就达到了百万美元。我曾经去过他们的办公室，他们也来过我的办公室；我曾经与他们有过数百小时的电话交流，多年来，我有无数次仔细观察他们的行为和探究他们心理的机会。我的"离经叛道的百万富翁计划"，以及每年一度的培训讲座，其内容就是完全集中于这些"离经叛道的百万富翁"到底与常人有什么区别上的。他们成功的关键因素之一，就是将时间和金钱紧密联系起来，而且用收益来确定自己的时间投资计划。就像兰·力格兰德一样，他们大都总是寻求用耗时更少的工作挣取更多金钱的途径。

达到这一目的的途径，就是让自己成为某个领域的真正专家，从而财源滚滚。有一个老旧的故事说，一个怒气冲冲的顾客要求管子工详细列明自己收费的理由，因为这位管子工只工作了两分钟就要收取250美元的费用——而他所做的工作不过就是用锤子敲打敲打堵塞了的管子。这位管子工列出了如下收费理由：用锤子敲打管子收费5美元，知道用锤子敲打哪儿收费245美元。设身处地地想一想——如果你并不（只）是因为你做什么（体力劳动），而是因为你知道什么（智力资本）而挣钱的时候，是不是非常美妙的事情呢?

所以，我们不要误读财富。我想，你理应更富有；我想，你有权富有；我想，你在积聚财富的过程中，你在富有的状态中，可以为社会作出更大贡献；我想，人们应该制止政府因为你富有而攻击、处罚你的行为。

"从另一方面说……"

话虽这么说，不过，我必须说明一点，金钱并不是一切。

当你拥有了相当可观的财富之后，比之以前你更容易得出"金钱并不是一切"和"金钱买不来幸福"的结论。就我个人而言，当我一文不名的时候，我总是很讨厌听到这种论断。不过，请相信我，我很清楚一个人在自己的生活中实现很多梦想之前，他确实需要取得一定程度的财富成功。我想，在我们这个机会遍地的土地上，不能生活得很好是可耻的。我看不出贫穷有多么光荣。如果贫穷只是一种暂时的生活状态，我们不必为此感到羞愧，但是，如果安于贫穷，将贫穷当做自己永久性的生活方式，这样的人应该感到羞耻。不过，毋庸置疑的是，金钱只是"富有"的一部分，而且可能是很小的一部分。

一个极为凉爽的夏日清晨，在俄亥俄州的克利夫兰，我坐在一个摇摇晃晃的肮脏轻驾马车上（一天懒散工作开始的典型场景），手里握着缰绳，身体随着一匹又老又瘸的美国标准竞赛马在赛道上跑动，在车上颠簸。赛马的蹄子把潮湿的脏物、沙土还有小块的马粪甩起来，穿过拦泥网，溅到我的马靴和马裤上，偶尔会溅到脸上，那是我的极乐世界。当然，我不过是在那儿闲荡。但是，那里的大部分人就是每天做这类事情的，他们把照料自己的马匹当作自己快乐的工作。他们不会去做任何其他事情。在这样的日子里，70 岁的老人厄尔·保曼和他的妻子乔安娜为 50 周年结婚纪念日举行了庆祝活动。厄尔·保曼是一位退休的骑师，现在，仍然是一位非常优秀的驯马师，他每天都把马牵到小牧场，每天都要照料马匹。比赛过后，乔安娜会和他一起牵着马走上领奖台拍照留念。之后，他会把马牵回马棚，在马棚里，他还有一个小时的工作要做，卸下马具，给马洗澡，牵马出去纳凉，给马腿缠绷带，等等，等等。如果你问厄尔·保曼，晚上是不是还要去别的地方，或者是不是还要做其他工作，他还有什么其他希望，他总是默不作声。这就是富有。

一个星期四的下午，诺曼·施瓦兹考普将军结束了自己的领导力主题演讲之后，主持人很快介绍我上场，我登上密执安州奥本山宫殿球场——底特律活塞篮球队的主场——的舞台，面对两万多人演讲了一个小时。随后，回答听众提出的问题并签名售书。当一切都尘埃落定时，听众购买我的书和磁带为我带来了 2.5 万美元的收入。几个星期以后，在菲尼克斯，我为 22 个人开设了一个为期三天的研讨讲座，每人付费 2500 美元，我和他们谈的是我最钟爱的主题：直销。讲座期间，我和他们一起就每位到场的人的企业和项目问题展开"头脑风暴"式的集体讨论。主持这种活动我很在行。这样的活动绝对不是为了生存才做的工作！这就是富有。

几天前，有人以优厚的待遇邀请我为一些非常有趣的人提供咨询顾问服务，咨询以一对一的方式进行，意在帮助他们找到他们在运营过程中遇到的市场问题的最佳解决方案。其他时候，我会端坐在电脑前，为客户和自己的产品撰写具有感染力的促销信件和市场推广文件，或者撰写业务通讯、文章以及像本书一样的其他书稿。我喜欢这样度过每一分钟，这就是富有。

一个富有的人

在我认识的人中，赫博·特鲁博士是最聪明、最有趣、最慷慨也是最富灵性的人之一。在印第安纳州的南本德，他下午在圣母玛丽亚大学教完管理课以后，会很快跑回家，接听学生打来的电话，简短地和妻子贝蒂聊上几句，整理一下幻灯片。之后去无家可归者中心，在那儿，每星期一晚上他都要讲课，主题是幽默、自尊、希望、信仰和爱。赫博·特鲁博士的早期职业生涯是在圣母玛丽亚大学教学，但是，他后来离开了学校，走进了"真实的世界"，并成了美国最成功、最受欢迎的职业演说家之一。1982 年，他放弃了能为自己带来大笔财富的演讲生涯，回到了圣母玛丽亚大学，与年轻人一起工作，并将自己的时间贡献给社区。为此，他现在的收入与以前相比，简直不可同日而语。近来，他还是接受了几家公司让他去演讲的盛情邀请，不过，他把演讲获得的所有收入都捐献给了南本德的无家可归者中心。尽管他在那个俭朴的房子里已经居住了几十年，尽管他没开新汽车，尽管他目前的年收入丝毫不值得夸耀，但是，赫博·特鲁博士却是一个非常、非常富有的人。

一个人应该将自己的时间用在能为自己带来巨大快乐和成就感的事情上，应该用来做那些自己真正感兴趣的工作，应该用在

83

选择理想同伴上面，应该用在让自己的朋友每天早晨醒来和每天夜里上床前都觉得自己很富足上面——无论他的银行存款有多少。

　　我就不认同安贫乐道的理念，相反，我非常喜欢赚很多钱。但是，不像有些"颇能煽情的演说家"——他们不断告诉人们，应该追求百万美元的财富目标——一样，我始终认为，财富对不同的人具有完全不同的意义。要想变得富有，你并不一定非得在银行有一百万美元的存款不可，并不一定非拥有山间豪宅不可，并不一定非有一长串名贵汽车不可。很多人挖空心思变得非常有钱，不过，很少有人真的变得非常富有。反正你是要把你的时间花在这个星球上的，你为什么不把那些时间投入到让你真正富有的方向去呢？

　　拿破仑·希尔——以其经典畅销书《思考致富》（*Think and Rich*）而闻名遐迩——用其毕生的精力鼓励人们追求伟大的目标，其中也包括财富目标。受美国第一位亿万富翁安德鲁·卡内基的启发，拿破仑·希尔开始致力于自己的使命，他确信世界上存在一个"广泛适用的成功法则"，人们可以传播这个法则，也可以学会应用这个法则。安德鲁·卡内基帮助拿破仑·希尔对那个时代数百位最成功人士进行了深入访谈，并与他们建立起了友情。拿破仑·希尔发现了 13 个普遍存在的成功法则，并将它们写进了《成功法则》（*The Laws of Success*）一书，后又写进《思考致富》一书。《思考致富》在 1937 年出版发行，拿破仑·希尔开设了很多讲座，为大型销售组织提供了很多培训服务，收录了很多颇具启发意义的信息。此外，他还通过各种方式广泛传播他基于 13 个成功法则的"成功科学"。

　　拿破仑·希尔在晚年写作了另一本让我倍加推崇的书:《内心平静地致富》(*Grow Rich with Peace of Mind*)。在本书中,经历过了聚集大量财富、损失大量财富和漫长职业生涯的拿破仑·希尔,以更为广阔的视角和更为宽阔的胸怀,将追求显赫的财富成功与追求整体富足之间关系的议题完美地结合到了一起。

多少才算足够了呢?

　　那么,你如何将时间转化为财富呢?你可以用"倒推"的方式来回答这个问题。你先要确定"财富"对你意味着什么。这些财富包括我称之为"正好足够"的财产——可以让你觉得生活无忧的全部可变现资产以及确保你和家庭过上你渴望的生活的足够收入。当然,这里谈到的你渴望的生活,并不是漫无边际的虚无缥缈的幻想,不是赢得彩票大奖后的生活水平,不是在西班牙拥有一座城堡的梦想,至少对大多数人来说,这种生活是不切实际的梦幻,渴望的生活应该是合理的而且是可实现的生活。不妨描绘这样一个清楚而详尽的生活图景:如果你有了那个数额的金钱,你的生活会是什么样子,你的生活状态又是什么样子?你的生活远景中包括另一所居所、每年两次的长假和在床上吃早餐的悠闲吗?

　　一旦你描绘出了理想生活的详尽图景,你就可以从目前的生活状态开始"倒推"了。你需要辨识出你求索路径中的障碍,需要寻求和思考所有可能扫清障碍的途径,你可以就此制订一个计

划，其中，罗列出每年、每月、每星期要达到的目标和衡量目标
是否达到的标准。之后，最重要的是，你可以就此判断你现在的
选择和现在的时间配置方式，是不是与创造自己渴望达到的财富
目标密切相关。

8. 人在旅途，我就是不想浪费路上的时间

当两列火车在十字路口彼此接近的时候，它们都要全力制动，直到另一列火车开走之前，哪列车都不能动。

——堪萨斯州的一条法律，引自罗斯和凯思林·皮特拉斯的《人们说过的最愚蠢的776事》（*The 776 Stupidest Thing Ever Said*）

是的，我确实是个很难缠的旅行勇士。有十多年的时间，我每年平均有100多天是在旅途中度过的。我非常喜欢我抵达目的地之后的工作，不过抵达目的地的全过程都让我厌烦不已，没有一点儿喜欢的地方，而且我这种厌恶情绪与日俱增。在我旅行最为频繁的那些年，我找到了最高效的旅行方式，发现了在旅途中最高效工作的方法。每次我很不情愿地登上航班，我都会让那次旅行创造出尽可能多的价值。这就是我在本章要和你谈到的问题：如何让商务旅行效率最高。但是，我并不想隐瞒这一点——"9·11"恐怖袭击以后，旅行的问题和痛楚以几何级数大大增加了。"9·11"之前很久，我就大幅削减了商务旅行的次数，现在

我旅行的次数已经比 15 年前的任何一年都更少了。

我们先说些笑话。我认为应该通过这样一个联邦法律：让航空公司的每位总经理都在他生日的那天外出就餐，要让他们去自己最喜欢的餐馆，要带上自己的家人和朋友。其他人可以从菜单上任点菜肴，不过航空公司总经理只能在生日晚会尽兴之后，吃标准的航班盒饭，而且还必须吃光。我强烈希望所有的航班服务人员都痛恨自己的工作，都对他们的老板恨之入骨，都对旅客恶语相加，都拥有辞掉目前的工作另谋他就的美德。我希望航空公司的每个员工每次说谎的时候，他们的鼻子都会长长。我希望应该有这样一个国会法案：禁止饭店、旅馆使用"盛情款待"这个词语。盛情款待？算了吧！

总之，旅行是让我痛苦不堪的事情，它让我迫切地想把每次旅行中的每一滴个人效率都榨出来，以安抚我的痛楚、抵偿我的损失。接下来我就和你谈谈，我是怎么熬过那些频频旅行的年头儿的，我还会和你聊聊，现在当我不得不打点行装走出家门的时候，我是怎么做的。

在每一次商务旅行中
"塞进"尽可能多的商务事务

计划就是一切，"凡事预则立，不预则废"。一旦决定为某个事情去某个城市，"竞赛"就开始了，我会尽快找些在同一个城市或者在途中方便停留的其他城市要做的事情。我非常厌恶只为了某一件事情，不得不登上航班、飞往某地，之后再径直回来的旅行。

　　我想，所有人都应该遵守这种自我约束的"纪律"。销售人员行程安排缺乏条理的程度常常让我感到吃惊，他们总是从自己所在的地方奔向另一个地方，之后先返回来，然后再去往另一个地方，一天只能赴几个约会。如果他们按照我的方式安排行程的话，他们每天赴约的数量则可以加倍，甚至增加到三倍。我曾经留意过服务业业主——比如，那些提供修剪草坪服务和园艺服务的人，那些提供防治害虫服务的人等等——的日程安排，他们的工作方式就像"游击战"，他们的市场和客户这儿一个，那儿一个，到处都是。相反，如果他们集中精力开发并控制某几个从地理上比邻的市场区域，他们无疑会在一个地方得到更多的客户，在为客户提供服务的时候，也能使工作效率最大化。

　　下面这个例子，就是我制订的巧妙旅行计划：星期四，我要在佛罗里达州发表演讲，下一个星期四，我要在中部的某个地方演讲。在这样的日程中，我可以奖赏自己一个"带薪休假"——为东海岸的一个客户提供一天的有偿咨询顾问服务，实际上是两个半天：星期四的下午和星期五的上午。此外，星期五我还有时间去芝加哥，下午 7：00 去参加我最钟爱的轻驾马车赛，在赛场享受一个美妙的夜晚。星期六，我要和一个老朋友共进午餐，之后，下午晚些时候与一个潜在客户进行一次简短的会谈。星期日是"闲置的一天"，我会待在饭店里写作。星期一，在我换乘航班的机场，我和两位商务伙伴安排了两个小时的会谈，为了这次会晤，他们两人都要从各自的城市飞来。星期一晚上，我要通过电话完成一个广播访谈节目，就像我待在家里的时候一样。所有这些安排都不是巧合。每当我锁定了两头的时间安排之后，我总是尽量用工作把其间的四天时间"塞得"满满的。我制订日程安排的依据是这样的：

- 把什么样的安排"塞进去"会直接增加我的收入？
- 我可以在此期间将与商务伙伴的会谈、与客户的会晤"塞进去"吗？我可以在此期间将与出版商、出版经纪机构、媒体，等等——带来间接收益的合作方——的会晤"塞进来"吗？
- 最后，我是不是应该安排一些"游手好闲"的活动？

我经常据此安排自己的行程。比如，在拉斯维加斯的一次演讲安排迫使我得离开我在俄亥俄州的家。一旦我的演讲在日历上排定，我马上就会在帕里斯饭店订一个下榻一周的房间，并开始"填充"这个星期。第一天上午，我要完成演讲，同一天中午，与一位客户共进午餐，一周的最后一天要为一位客户（他从洛杉矶飞来）提供有偿咨询服务。其间有三天的假期——不过，其中还穿插了我在饭店房间进行的两小时电子远程讲座。在拉斯维加斯停留一星期以后，我会飞到菲尼克斯，到自己的办公室看看，并在那里的一个午宴上演讲。这次旅行之前，我先是飞到丹佛发表了一个演讲。

无论你是要离开温暖的家在自己居住的城市过上一天，还是要打点行装去往遥远的地方，你都应该让自己步履匆匆的全程创造尽可能多的价值。

可是，友好和亲善都"溜"到哪儿去了呢？

下面，我们来谈谈旅行本身的问题。

在我最初开始商务旅行的那段日子，一切都是文明儒雅的。人们静静地等着叫到自己登机，没人用胳膊肘推挤别人，没有不耐烦的推推搡搡，没有无情的践踏。至少在商务舱，"管家们"——是的，我用这个词来称呼女乘务员——会真诚地善待你，每一位乘务员负责为四位乘客提供服务。兴高采烈地帮你安置随身携带的行李。其他乘客的行为也都很得体，他们在机舱里都穿着鞋袜。他们不会用乱七八糟的小玩意儿侵占你的座位空间，不会让你觉得自己无处容身。他们都静静地坐着，缄默不语，只是看书。航班上的食品味道还算好，空气也还算新鲜。不过这一切成了遥不可及的回忆。

就我个人来说，我总是坐商务舱。我厌恶旅行中的一切，我是个狂妄自大的家伙，在经济舱里不可避免的旅行"炼狱"，常常让我不堪忍受，常常为此大为光火。尽管我要耐着性子忍受商务舱中的一切痛苦，不过，在每次长时间的飞行中，我还是能做些有效的工作的。

91

用阅读和小睡弥补旅行的损失

我发现，机场和长途航班是翻阅那些看完就可以扔掉的东西的绝好地方。每次旅行，我都会在手提箱的外兜塞进一大摞商品目录册、业务通讯和商务期刊杂志，我是带着一大堆东西离开家门的，不过看完那些东西以后，我只带回一个薄薄的信封——里面装着我撕下来的散页和文章，我会把90％的东西都扔掉。这种方式不但是善用在机场和航班上时间的好方法，而且扔掉大部分读物还可以让你获得"减轻负担"的心理满足。我向所有不能及时翻阅商务期刊、本行业出版物的朋友，不能及时翻看这类看完就可以扔掉的材料的朋友，隆重推荐这个方法。

机舱还是一个思考某个特定问题解决方案的好去处。一人独处，比较安静，免受其他打扰的清幽，都为思考创造了一个适宜的环境。此外，商务舱还是一个建立商务关系的好地方。不过，坦白地说，我在所有航班上睡觉的时间都超过飞行时间的一半。

不要赶最后一个航班

从时间管理的角度而言，无论你要去哪儿，你都不要赶最后一个航班，你应该始终掌握其他选择、备用方案的信息。如果你频频旅行，我想，你应该很清楚，因为飞机机械故障频出而造成的晚点大都可以归咎为飞机的"老龄化"，而且这种趋势还在年复一年地恶化。或许，我是被这类事情耽误的旅行次数的纪录保持者。几年前，我和本＆杰瑞冰淇淋公司的本一起搭乘美国西部航空公司的一个最后航班，从菲尼克斯飞往什么地方，我忘了当时是去哪儿了，我们两人都要在同一个培训项目中演讲。那天夜里，不是一次，也不是两次，而是三次机械故障，西部航空公司的这个最后航班反复耽搁。一个小时以后，第一个故障排除了，正当我们乘坐的飞机在跑道上滑行，准备起飞的时候，另一个问题又冒出来了。我们只能返回机场，起飞的时间再次被推迟。过了他们之前通知的起飞时间以后，他们弄来了另一架飞机，我们登机以后，又一个机械故障出来了！朋友，千万不要搭乘最后一个航班！

旅行途中换乘航班时，避开人流高峰很重要，如果可以，你应该尽量避开亚特兰大机场和奥黑尔国际机场以及任何机场的高峰时间。

我利用等待换乘航班的漫长时间就很在行，我还没觉出机场的"俱乐部"有多么惬意，不过，很多频频旅行的商务人士经常利用这个设施。实际上，我个人更喜欢在起飞前去我居住的这个城市机场的大陆俱乐部。

不妨考虑其他选择

过去几年来，还得感谢"9·11"以后的旺盛需求，一些"分时"式的航空服务在航空市场变得越来越有竞争力，在定价上也越来越富有创造力，这对要频繁进行旅行的商务人士而言确实是个值得考虑的选择。如果现在我还像1997、1998、1999年那三年一样频繁地旅行，毫无疑问，我一定会选择使用这类公司的航空服务。那些年我在商务旅行上的机票花销超过7万美元，粗略地估算一下，我花三倍的钱，就可以在奈特捷公司和飞行选择公司购买到私人包机的待遇，飞行同样的历程。考虑到我在机场安检耗费的无数个小时，考虑到因为航班晚点所流逝的宝贵时间，考虑到我在这么长时间里可以创造出的财富，我想，选择商务包机服务是个非常划得来的投入。

如果你在旅行的目的地城市经常租车，那么，加入赫兹汽车租赁公司黄金会员俱乐部，或者加入安飞士汽车租赁公司特惠顾客计划是很划算的，这样，你就可以省去在租车柜台前排长队的麻烦，同时，还可以免去每次租车都要从零开始填写合同的烦恼了。如果你下飞机以后选择坐出租车，不妨考虑使用提前预约的汽车服务，这样，你就能免受排队等出租车之苦了，尤其在拉斯维加斯机场、纽瓦克机场和华盛顿的里根国家机场这类以等出租车的队伍之长而闻名的机场。选择了预约汽车服务，通常在机场外面，都会有一位穿着得体、殷勤礼貌并讲英语的司机和一辆配备了车载电话的四门卡迪拉克轿车或者林肯轿车在等你，你出了机场就可以立刻赶往目的地，而车费不过只比坐出租车多花区区的 10 美元到 20 美元而已。让我惊奇的是，我认识的很多商务旅行频繁的人士总是很小气，不愿意使用预约汽车服务，而是不惧风雨、严寒，坚持排队等候出租车，并为终于钻进了一辆出租车而欢欣鼓舞。

善待你的身体

我还记得，我很多总是游走四方的朋友也都记得，搭乘航班在不同的时区间飞来飞去，时差对我几乎没有什么特别的影响，一点儿也没有。常年不断的旅行确实会让你的身体付出代价，所以在旅行中，你需要留出时间休息。如果我要跨越几个时区，我总是多给自己留些休息和恢复的时间。如果我能喝酒的话，我会喝上两三杯鸡尾酒，之后什么也不再去想。可我滴酒不沾，不过我那些喝酒的朋友告诉我，他们身体代谢水平的变化让他们在航班上一点儿酒也不想喝，而且人在高空对酒精的影响更敏感。在航班上，我总是很少喝水，而且总是不吃航班提供的真正垃圾食品，要么就只吃一点沙拉。完成本书的时候，将是我 49 岁的生日，但是在频繁旅行的那几年，我老得至少看起来有 90 岁。忽视频繁旅行对你身体和心理的损害是愚蠢的，所以如果你必须频繁旅行，你应该设计一个饮食、锻炼、休息和工作的新策略，以尽可能减轻旅行对你的伤害。

旅行的时候，或者刚刚结束旅行回家的时候，没有什么比患病更糟糕的事情了，也没有任何其他事情比生病更能降低你工作效率的了。我能肯定的是，频繁旅行的人患伤风感冒的风险比常人要大得多，我想，我把自己患伤风感冒的次数控制在每年两三次的水平，确实是个了不起的成就。自从航班上禁止吸烟以来，机舱中空气的质量越来越差。因为没有烟雾，航空公司就可以通过关闭新鲜空气补充系统，只运行空气循环系统的方式而省钱了。在"旧式"飞机上，三分之二的空气是新鲜空气，只有三分之一的空气是循环利用的，而现在最新的飞机 100% 使用循环空气，所以差不多每 7 到 9 分钟，你就要呼吸一遍混有其他乘客感冒病毒、细菌和汗臭的循环空气。机组人员的发病率逐渐攀升，无论是航空公司雇员还是乘客，都对此怨声载道（不过毫无用处）。根据美国国家科学院的研究，在普通航班上驾驶舱的飞行员每分钟得到 150 立方英尺的新鲜空气，商务舱是每分钟 50 立方英尺，而经济舱的每位乘客只有每分钟 7 立方英尺的新鲜空气。我们解决了"二手烟"的问题，可是我们又在"二手空气"中病倒了。

这也是你为什么不要让头顶上的通风孔直接对着脸的原因，因为空气中的病菌会被吹进你的眼里，很快你就会病得卧床不起。当我旅行的时候，我会增加维生素的服用剂量，此外，在流感爆发的季节我会大剂量吃维生素 C。现在，有一种叫做"空中飞人"的新产品，这是一种富含维生素和锌元素的片剂，把它投进水里会嘶嘶地溶解，散发出柠檬饮料的味道。所以，下次奔向机场前不妨带上一些。专家还建议，乘坐飞机旅行的时候要大量饮水。身体脱水看来扩大了你鼻腔中的过滤细孔——从而增加了你被细菌感染的机会！

轻装前进

托运行李是一个非常耗时的事情，即使你的行李没有丢失。在十年数千次的旅行中，我托运行李的次数不超过一、两次。任何男性都可以把两个星期的用品，装进一个可以放进头顶行李舱的手提箱里，另外还可以随身携带一个公文包。不过，这些东西对女性而言确实太多了些，好在有些聪明人想出了好办法。（窍门：携带的所有衣服都能和一双鞋匹配，大大有助于减轻辎重）否则，每次出门旅行，你都得提前到达机场，每次下了飞机，你都必须等待行李的到达——通常用时 30 分钟甚至更长的时间——而且，等待行李延误的时间，还会让你不得不和一大群人一起排队等出租车，或者不得不忍受钻进像沙丁鱼罐头一样拥挤的大巴和饭店大轿车的痛苦。

如果你要去某个地方好几天时间，又不能随身携带所有的行李，那么你可以先行通过联邦快递把东西递送到目的地，当你离开的时候再让他们邮递回来。这个花费是值得的——如果你的时间也有价值的话。

在饭店的房间里高效工作

好了，你终于到达目的地了，也在饭店安顿停当了。接下来，我们再来谈谈在饭店的安排。我会尽可能多地在我入住的饭店房间里召集会议，让人们到饭店来找我，其理由和我在家里时让人们到我的办公室会谈一样。当人们正在赶来的途中时，我可以待在自己的房间里工作。如果他们迟到了，我依然可以接着工作。

当然，饭店的房间看起来是弱智的人设计的。最常见的情形是，电话只放在床边和卫生间，而不是放在办公桌上。电源插座总是设在很隐蔽的地方，要么就远离办公桌，你在办公桌上的设备根本够不到。没关系，重新安排好了。当我带着笔记本电脑旅行的时候（现在已经不带了），我总会带一截电源线。

如果房间的价格对你不是问题，不妨参考一下我给饭店房间设计、总体感觉和对商务旅行者的关照的评分，它们是：威斯汀酒店、万豪国际酒店和凯悦酒店——就是这个顺序。这些连锁酒店的很多房间内都设有个人专属的传真机，我发现这个配置非常有用。他们逐渐配置了更多的电源插座、互联网接口，而且电话

97

也放在了方便使用的办公桌上。佛罗里达州奥兰多机场边的凯悦酒店、芝加哥奥黑尔国际机场边的希尔顿饭店和密执安州底特律机场边万豪国际酒店的房间使用起来都非常方便。

如果根本不考虑价格因素，那么，对商务旅行者来说，最好的饭店莫过于四季饭店了。四季饭店的分布非常广泛，在得克萨斯州的奥斯汀、波士顿、芝加哥、达拉斯、洛杉矶、毛伊岛、纽约、加利福尼亚州的纽波特海滩、佛罗里达州的棕榈滩、费城、旧金山、加利福尼亚州的圣巴巴拉、西雅图、多伦多、温哥华、不列颠哥伦比亚省和华盛顿都能找到四季饭店。比如，温哥华的四季饭店，房间里设有办公桌，电源插座也能够得着，电话安放在了办公桌上。当然，床边和卫生间也有电话，有语音留言系统，每天还提供四次的洗衣和干洗服务，员工行动利索，整理房间很快，并为客人提供擦鞋服务。

如果你很在意房间的价格，万豪庭院酒店和公平旅馆也有设计相当出色的房间，在这类房间你可以充分放松，可以工作，而且很舒适。但是，恐怕你得牺牲其他服务的便利了。入住国宾大酒店也很划得来，每个房间都不大，不过你可以在占房间一半面积的起居室舒舒服服地和最多三个人会晤。

顺便说一句，如果你白天在入住的房间里工作，当你离开的时候，比如去与人共进早餐的时候，你可能会在门上挂出"请即打扫本房间"的提示牌。我是一个有头脑的人，不过有时还是会这么做的，因为这仅仅是举手之劳而已。然而，不要忘了，这种标示牌等于告诉小偷：这个房间现在没人。所以，给客房部打电话，告诉他们你要出去一小时，请他们在你出去期间整理好房间，这种方式要更安全些，也更有效，90% 的时候你都可以如愿。

边旅行边沟通

就我个人而言，我是不用带手机的，不过，你大概一定是带着的。如果你用手机给别人打电话，而不是让别人找到你、骚扰你，那么这个东西还是很有用的。我注意到，很多商务人士被旅行搞得筋疲力尽，走进机场的每一步，甚至在吃饭和排队的时候，登机和下飞机的时候，都要接打手机，他们丝毫不想让自己轻松些。如果你要打的电话很重要，当然需要更仔细地思量，需要更适宜的通话环境，而不是在登机口的混乱中——被孩子的大声喊叫包围着，被牛群一样的人流推挤冲撞着——完成沟通。随身带着手机用于联系改变航班，或者用于处理因为航班晚点造成的问题：很好！如果让随身携带的手机耗费你的时间：太糟了！

我到达目的地之后的惯常程序是这样的：

（a）想办法在白天的时候给办公室打一个电话；

（b）到饭店取发给我的传真件；

（c）晚上办理饭店入住手续。

出门在外的一个难题，就是与客户的沟通问题，在外面，很难接到客户和销售商以及其他人的电话，也不能接到他们给我的回复电话。所以我最大限度地训练客户，让他们通过传真的方式与我联系，而不是用电话，这样我就少了很多要我回话的留言。当我能在饭店的房间待上几个小时的时候，我会在此期间给客户回电话，也可以接一些客户的来电。我常常舒舒服服地在房间里坐上两三个小时，就为接打电话，不过这些通话是事先有约的，一个接一个地打，并使通话的效率最大化。

现在，很多四处游走的商务人士外出时，会随身带着笔记本电脑和掌上电脑，他们频频利用电子邮件进行远程沟通。我认为，和携带手机一样：如果你能很好地掌控并有效利用这些设备，让它们为你效力，很好。不过，不要让它们牵着你的鼻子走。

如果我出门在外的时间较长，那么我回来以后，会有一大堆传真件和信件在家等着我。防止文件堆积如山的唯一方法，就是我在外出期间，让助手把所有那些东西塞进一个大纸箱，通过联邦快递投递给我。如果我要旅行五天或者更长时间的时候，我总是用这种办法，这样我就可以一边在饭店房间里看电影或者橄榄球赛，一边处理那些传真件和信件了，通常我会扔掉其中的大部分，在某些文件上简略地标注些要点，并把其他的投递回办公室，以便某些工作在第二天早晨就可以开展。

旅行社的灭绝

过去几年来，互联网和航空公司结成联盟，快速蚕食着旅行社的市场。而旅行社则因为错误的定位、乏善可陈的市场推广和销售策略（他们需要好好看看我的《招招见血，成功销售》一书），只有招架之功，毫无还手之力，呆呆地站在那儿挨打，很多旅行社只能关张停业。

航空公司的行为招致了很多批评，他们通过大幅削减旅行社的佣金水平，通过封锁旅行社为顾客提供的累计里程优惠活动，并通过鼓动旅客登录自己的网站直接在线购票，在业内结成同盟，从而给旅行社以重创。

对频繁旅行的商务人士来说，直接订购机票、在线购买或者通过航空公司办事处预订机票的方式危机四伏。订购机票的程序曾经在几家全国性电视节目中播出，但是，绝大多数旅行者仍然不甚了解，在线购买的打折机票、从独立运营的非航空公司机构在线购买的机票，经常带有"密码"，无论何时，只要出了问题，持有这种机票的旅客都会受到最低等的待遇。很多这类机票和在线售票处常常附加"含糊其辞的条款"、模棱两可的规定和限制。我有几位客户曾经和我讲过他们令人惊恐的经历，这类机票曾让他们的行程耽搁了好几天。还有，我认识的有些人愿意花30分钟、60分钟甚至更长的时间在网上搜来搜去，只是为了找到折扣更多些的机票，真是匪夷所思。我当然不会用每小时1000美元的时间去换取87美元的折扣的。

我发现，尽职尽责、能力出众的旅行社确实非常有帮助。我会让旅行社为我查证航班，将可供选择的行程安排传真给我，我会让他们帮我核查所有可行的换乘选择和花费，并最大限度地增加我的飞行里程以便享受优惠，此外，我还让他们"帮我记忆某些事情"，这样我就不必总是想着如何得当地安排入住饭店的事情了。当然，我还可以让他们帮助约定汽车服务，等等。在计划行程的时候、在旅行途中，旅行社的这些服务可以为你节约大量的时间和精力。

当你即将出门的时候……

准备上路！当你准备奔向机场，或者即将驶上高速公路的时候，你必须向自己提出这样的问题：我是不是已经有了使工作效率最大化的策略？是不是已经有了最大限度地减少旅行痛苦和压力的策略？没有什么事情比旅行更能破坏日程安排、更浪费时间、更耗费精力、更能引发混乱的了。所以，你必须采取某些预防措施，最大限度地保护自己和自己的时间。

9. 如何处理"信息雪崩"

> 今天早晨我有了一个绝妙的创想，不过，我并不喜欢它。
> ——萨姆·高德温

我们普遍认为，我们已经进入了一个"无纸化"时代。但是，大学微胶国际出版公司（University Microfilms International）的研究表明，单单在美国，我们每天都要"制造出"十亿页的信息。有时候，我觉得这些信息的大部分好像都摞在我的办公桌上！

对"信息雪崩"，人们总是在疲于应付。我想，我受到的"雪崩"冲击和其他人是一样的。下面来看看我面对的是什么样的"雪崩"吧！首先，我要翻看与我三个主导业务——直销、商业信息片制作和演讲——相关联的所有商务杂志和行业期刊、新书、行业业务通讯和其他材料。我还要关注所有商务出版物，比如，《企业家》、《有限公司》、《福布斯》、《财富》和《华尔街日报》。作为一位咨询顾问，我还要经常"学习"与我的客户所处行业有关的新业务，所以，我得翻看他们所在行业的商业出版物。因为要做商业信息片业务。所以，我要看很多电视节目，每个月我都要看差不多 20 小时的录像资料。因为直接邮递广告是我的主导业务之一，所以我要翻阅我收到的所有"垃圾邮件"。此外，每周我还至少要读一本书。值得庆幸的是，我深谙快速阅读之道。即便如此，不过……

你怎么才能处理好所有这些信息呢？

我敢肯定，你一直在奋力把自己从每天"信息雪崩"的淤埋中"挖出来"。那么，让我给你提供几把"铁锹"吧。

提高你的阅读技巧

笨拙的读者随处可见，他们反复说自己"不喜欢"阅读。让人觉得可悲的是，我们美国的大学和中学还在"大批量制造"不会阅读的年轻人，年轻人大都从电视和广播中获取新闻。此外，准文盲的数量极其惊人。所以，坦然面对自己的阅读能力不失为上策。如果需要，不妨请一位阅读老师。如果不想请指导老师，你可以在家里参加一些优秀的快速阅读课程，快速阅读（还有快速理解阅读内容）是真正的财富。

顺便说一句，我想你必须要阅读，其原因不妨参看一下表 9.1 中的文章，那是我为一期业务通讯所写的一段文字。

表 9.1

毫无疑问，这年头儿，如果你读书，在别人眼里，你就会像一头长三个脑袋的牛一样，古怪得令人惊奇。

圣诞节过后的一个星期六，我正在办公室工作，打开电视，正在播出周末的《今日报道》节目，当我听到主持人激动难抑的声音时，我猛地把头转向了电视机，他说：

"下面，我们要采访这样一位女士，一年中，她每星期都要读一本书，而且她还把阅读经验写成了自己的书！"

什么!? 事实上，30 多年来，每一年中，我每周也至少要读一本书的。这有什么稀奇吗？当然，这可是非同小可的事情。我最近一次去巴诺公司，买了一本本·富兰克林的最新传记，几本汤姆·彼得斯的书，几本其他商务书籍，一本防止中风的书，三本准备带到航班上看的平装本小说和大约 20 本杂志。收银员说："生命的滋养品，是吧？"当然。

要想成功，你必须大量阅读。理由有四：

（1）阅读，可以让多元化的、形形色色的各类创想、观点、生活故事、成功典范，等等，所有必要的原料"灌输"到你的潜意识中，你的潜意识会审阅它们，会把它们分门别类，并与你大脑中业已存在的其他模糊意识匹配起来，常常会让你"顿悟"，给你以"找到了! 有了!"的意外惊喜，此外，它们还可以给你带来有利可图的某些东西，如果不将新东西日复一日地"灌输"到你的头脑中，那么，它们便会一直蛰伏在某个地方，不能被激活。财富秘诀：没有原材料，你什么东西也制造不出来，即使有钱也不行。

（2）不与他人的思想碰撞，你自己的思考范围就会日渐萎缩，用不了多久你就会成为思想侏儒的，你的思想也会日渐狭隘，就像如果你不经常活动，不经常舒展自己的身体，你的运动机能也会衰退一样。

（3）如果不阅读，你就不能与时俱进。尽管我的阅读量惊人，不过我仍然不能确保跟上时代的步伐。如果你每星期不读上一两本书，不翻看十几本杂志，不看几份报纸，不翻几份业务通讯，你一定会被时代远远地、远远地抛在后面。很快，你的言谈就能表明你是个恐龙。

（4）如果你有孩子，你一定想为他们做出表率吧？他们要看到你在读书，他们要听到你谈到你阅读的内容。当我还是个孩子的时候，有几年我们家一贫如洗，不过，我们给自己立了个规定，每星期全家都要用差不多一小时左右的时间，走很远的路，去公共图书馆借书。我父亲、母亲和我每人每周都要借三四本书带回家，看完以后一起聊聊。现在，我更愿意去书店，因为我有钱了，而且我喜欢藏书。不过我依然非常感谢那些年在图书馆养成的良好阅读习惯。对大多数家庭来说，一起去图书馆远比去看电影、逛商场或者在沃尔玛超市转悠更直得推崇。

1985 年，我曾经在一本书上就一个历史事件写下这样的笔记：马萨诸塞州富兰克林市的市长曾经给本·富兰克林写信，希望他能提供捐助为教堂购买一座大钟。富兰克林在捐助的钱上附上了这样一张便条："你们将城市命名为富兰克林市并接受我的捐助，我很荣幸。不过，我建议你们将这些钱用于建图书馆，而不是买钟。我更喜欢让人们感知到我，而不是'听到'我。"

只留意那些你真正想了解和真正需要的信息

如果你真的很忙，而且时间对你来说比金钱更重要，那么，你可以让他人为你"有偿阅读"。有很多"剪报服务"可资利用，比如，《华尔街日报》的剪报服务，这项服务会追踪数百份日报、商业杂志等，并按你要求的主题，只将相关文章传真给你。或许，你可以聘用一位助手替你翻阅和剪取材料。让你的儿子、女儿或者孙子、孙女帮你翻阅商业期刊，并替你剪报、收集重点信息，甚至帮你概括总结有关信息，对他们来说也是个不错的选择。我的一位客户每星期就给他上中学的儿子 75 美元，让他替自己翻阅 14 种商业期刊和业务通讯，并将概括总结的信息和文章摘录录成磁带，这样，我这位客户就可以在上下班的途中听了。

把没必要即时了解的材料放在一边，任由它们"堆积"起来，闲暇时再看

商品目录册、样子设计得很别致的垃圾邮件和流行杂志，都可以归入这个类别中。就什么信息必须现在予以留意、什么信息可以以后再了解，以及什么信息永远不需要知道，你必须严格区分。

不妨考虑"浓缩"信息

比如，你可以订阅《经理人书摘》（*Executive Book Summaries*），以便每月都能对十几本当月新上市的和"热销"的商业书籍有个简要的了解。在某种程度上说，这类"浓缩"信息是成人版的"克利夫笔记"。新闻类信息也有类似的出版物，比如，《新闻追踪》（*Newstrack*）。

利用录像机、DVD 或者数字视频录像机

将自己觉得有意思或者认为很重要的信息录制下来，之后在方便的时候再看。

把驾车时间和旅行时间当成"课堂时间"

下面，让我们一起来看一看在大城市上下班平均所需时间的统计：纽约，1 小时 5 分钟；华盛顿，1 小时；休斯敦，1 小时；洛杉矶，1 小时 30 分钟；达拉斯，48 分钟；菲尼克斯，46 分钟；布法罗，40 分钟。因为大部分录音带的时长差不多都是 40 分钟，所以你每天都可以在上下班的途中听完一盘磁带，上班途中听一面，下班听另一面。现在任何东西都有磁带版本：像我一样的人，各个领域的专家都出版有声读物。有关企业管理、财务管理、健康、性、自我提升、外语、旅行、优秀大学教授的讲座以及古典小说和现代小说的磁带，应有尽有。如果你每天平均听 40 分钟，按 250 个工作日计算，那么等于一年你就上了 167 堂课。

抵御迷人的诱惑

很多人让"非信息"耗费了大量的宝贵时间，今天的报纸明天就只能用来包鱼了。可是，我们在毫无用处的新闻上还是耽搁了很多时间。新闻每天 24 小时不间断地播出；《60 分钟》节目之后，又出来个《60 分钟 II》；紧随《20/20》节目的是《20/20 闹市区》；《日界线》每周要播出两次。此外，还有广播电台的新闻脱口秀节目，等等。是的，你确实要了解即时信息，但是你觉得自己真的需要知道最新的名流绯闻吗？你真需要了解入店行窃丑闻吗？知道了运动员入狱的最新消息对你又有什么意义呢？你关心保加利亚的天气干吗？

善用技术手段，但要抵御技术的诱惑

如果先进的技术手段确实可以提升你的工作效能，那就再好不过了。但是，最经常的情形是，人们对技术手段的应用只是给人留下这样的错觉而已。别骗我，我当然知道，很多人花费数小时的时间不过是在网上转来转去，或者不过用于网上聊天而已。对许多人而言，在互联网上漫游只是逃避忙碌工作的借口，就像很多人对一个接一个的冗长会议乐此不疲一样。

术业有专攻，但涉猎面不要过窄

比起对所有事情都略知一二来，很显然，对一两个或者几个领域有深入研究要好得多。术业有专攻总能为人们带来更多财富，而且专注于某几个领域，还可以避免遭受信息洪流的冲击。

在商务运营中，我一直专注于直投广告业务，同时兼顾其他附属专业业务，比如，"长篇"广告业务（厚厚的广告小册子）和信息产品市场营销业务。因此，我很少阅读《广告时代》杂志（*Advertising Age*）——一本针对传统广告领域专业人士的行业期刊。不过，我当然要看《直营》杂志（*Direct Marketing*）和《直销》杂志（*DIRECT*）。不去看某些东西是时间管理的好方法。

然而，涉猎面过窄会让人们缺乏远见、缺少辨别力。如果你完全排斥其他领域的信息和动态。那么，你实际上没有储备大脑完成突破性思维所需的"原材料"。在某些行业中，很多人的思

想过于狭隘，眼力过于"近视"，使整个行业完全充斥着我称之为"血亲乱伦"的市场理念——结果就像真的血亲乱伦一样，几代人以后，所有的人都成了傻子。某一行业的人只看到这一行业其他人的行为，他们一起参加本行业协会的活动，他们阅读同样的行业期刊，而且彼此效仿。所以，跳出这个樊篱的束缚是至关重要的。

因此，你需要达成一种平衡，你需要术业有专攻，但是，又不能过于专攻。

要清楚你在寻求什么东西

处理当今时代的海量信息，有点儿像在草堆中寻找一根大家都认识的针。不过，在草堆中寻针的工作似乎还要轻松些，因为，毕竟你知道自己要找的是什么。可如果让你去草堆里找某些东西，那么工作无疑会艰难得多。

为此，我曾经让我的客户自行做这样一个测验（表9.2），或许，对你也会有用，不妨每个周末也做一做这个小测验。这个测验有助于你更专注，有助于你做出适当的判断，而且有助于你在下一周这个"草堆"中寻找到那根"针"。

表9.2

就以下问题，你本周了解到了些什么，上一周发生的什么事情你尚不知道……

1. 你的企业状况？

---

2. 你所在行业的整体情况?

_____

3. 竞争者的情况?

_____

4. 你的客户或者顾客的群体情况?

_____

5. 你最重要的 10 个、20 个或者 30 个客户或者顾客的情况?

_____

6. 每个客户的情况?

_____

7. 你所在领域某个最领先企业的情况?

_____

8. 可能影响到你企业的社会、文化以及经济状况的变化趋势?

_____

9. 就个人财务成功、自我激励、时间管理等而言,每一方面引起广泛关注的一个"成功"话题是什么?

_____

10. 就直投广告、订单结构、促销广告小册子和在线销售而言,每一方面人们关注的一个"市场"话题是什么?

_____

11. 就现在的新闻事件而言,其中你的客户最感兴趣、对他们最重要的人、事件和话题是什么?

_____

12. 无论是更快地制造产品,还是使产品销售的发布更有效,一个对你大有帮助的"方法"——即一个手段、程序和技术——是什么?

_____

如果你严格自律，而且每周只需一次书面回答这些问题，那么，一年以后，你就会领先同业的同仁和竞争者 624 大步（52 周×12 个）了。此外，很可能，你会就此发掘出一个极富价值的"富矿"。时刻让大脑对这些问题保持敏感，实际上就是随时保持"你的天线处于接收状态"，从而，某些不经意的交流，甚至偶然听到的闲谈，都可能给你带来预想不到的收获。

如何组织和管理自己的想法？

伟大的成功学教育家厄尔·南丁格尔曾经写道："只是一个想法，就可能给你的生活带来革命性的影响。一个想法可以让你富可敌国，可以让你过上富裕的小康生活，也可能让你在监狱度过余生。任何事情赫赫然呈现在我们面前之前，都只是一个想法……庸庸碌碌的根源在于当你有了很好的想法时依然在犹豫不决。"

"创想，"厄尔·南丁格尔说，"就像滑溜溜的鱼。"

> **是**否能抓住每个想法在于我们自己——不要让任何一个绝妙的想法轻易溜走。

很多年来，我一直用一个源自迈克尔·万斯——迪斯尼公司的合伙人——称为"情节串联图板"的工具来整理自己的想法。

在我的办公室里有一面木板墙，我在上面设置了纵向专栏，每一个专栏都以一项业务或者一个项目的名称作为标题。每当我有了个想法的时候，我就会把它简要地写在一张 3×5 英寸的小卡片上。之后，用图钉钉在相关的栏目上。我总是随身携带着一些小卡片，这样我就不会让任何一个想法轻易溜走了。坦率地说，有一段时间，我荒废了这个"功课"，不过，现在我又"捡回来"了。

此外，我还准备了不同的"项目笔记本"，或者为每一个项目设置一个对应的便笺本。

随处我都可以拿到便笺和钢笔，即使是在洗手间里。

有些人非常善于用语言表达自己的想法，所以他们常常随身带着小录音机，随时口述偶然冒出来的想法，或者让专人转录他们的想法，之后再行整理。我的想法则通过手中的笔和键盘上的手指传达出来。

对你来说，重要的是要选择并应用某种适当的方法，以便在任何地点、任何时候都能及时抓住冒出来的每个想法。

对我们很多人来说，保留汗牛充栋的资料是个不小的问题。我朋友李·米尔特尔将研究类资料、参考资料和项目资料，分别装在不同的透明大塑料文件夹中，这样她轻易就能看到里面的东西了。我在自己文件夹的封面附上了 4×6 英寸的小卡片。我的书架上有一千多本书，但是，如果我翻阅的书中只有几页有用，我会把那几页撕下来存档，之后把书扔掉。在减少信息资料存储空间方面，CD—ROM 光盘是个很有效的工具。从时间管理的角度来说，重要的是，你使用的资料保存工具，要能确保你在需要某些资料和信息的时候很快就找到它们——这恰恰是我的弱点。

如何让训练有素的、时刻处于激活状态的
潜意识帮助你应对"信息雪崩"？

从 20 世纪 50 年代到 60 年代，麦克斯韦尔·莫尔茨博士一直致力于发现并完善使潜意识更能发挥作用的实用方法，他的成果写进了他的经典畅销书《心理控制论》（*Psycho – Cybernetics*）（也译为《心理驱策》和《人工头脑学》）和最近我参与修订工作的另一本书《新心理控制论》（*The New Psycho – Cybernetics*）中。麦克斯韦尔·莫尔茨博士的发现和提出的方法对我一生都产生了重大的影响，所以，我强烈建议你也好好研读一下。单就更高效地工作以及更好地管理和利用信息而言，当你推介产品的时候，当你拟写销售广告的时候，以及无论你在做什么工作的时候，你都可以有意让自己的潜意识承担更出色的信息发现者、组织者和提供者的角色。对潜意识的善用并不只是一般的记忆问题，而是一个创造性的信息检索程序。

丹·肯尼迪的时间管理箴言 7

如果你不能有效管理信息，你就不能从中获益。

比如，就像大多数直接反应广告作者一样，我存有一房间的

我们称之为"参照文件"的资料，这是些不同行业广告的样本。这个文件夹里可能存有"广告摘要，瘦身广告"，另一个文件夹中则存有"广告摘要，创收广告"。有些文件夹则分别存有广告开首语、产品保证书和报价等等的相关资料。这样的文件夹成百上千。此外，还有厚厚的笔记本、参考书，等等。当准备为某个客户拟写广告的时候，要想把相关的资料翻看一遍，需要很多的时间，不过，我经常并不去翻阅那些东西，相反，我"指使"我的潜意识去"浏览"那些"参照文件"，让潜意识去发现恰当的创意、"切入点"，或者让它去为我的某个广告作品开头——而且是当我睡觉的时候！当醒来时，创作的灵感就会从我的指尖流淌到电脑屏幕上了。对我来说这并不是什么幸运的巧合，也不是异想天开的"思路突变"，而是心理控制训练的结果，这种方式每月至少可以让我解脱 20 个小时艰苦劳作的折磨。

10. 解雇自己,取代自己,从而挣更多的钱并享受更多的乐趣

> 在我看来,你们都是快乐的露营者。你们是快乐的露营者,一直都是,而且永远都会是。
>
> ——引自美国副总统丹·奎尔对萨摩人的一次演讲

让企业家不愉快的事情有很多。作为企业家,我们厌恶政府的干涉,讨厌政府的繁文缛节,对政府的愚蠢恨之入骨。供应商不能按时保质履约,常常让我们大为光火。银行家和律师也给我们带来了诸多的不幸。但是,最让企业家头痛的问题——尽管他们可能还没有意识到——却是老一套的例行公事。

很多企业家会最终成为低能的经理人和管理者,因为他们的很多工作不过只是例行公事而已。

这种结果清楚地告诉我们,为了最大限度地取得成功,为了让自己的时间创造出最多的价值,为了过上最幸福的生活,你必须系统性地、不可阻挡地让自己摆脱那些自己并不擅长的工作,必须不做那些不能让自己快乐的工作,必须脱离那些老套的常规事务性工作,从而系统性地将自己的时间(还有才能、学识、技

能和其他资源）投入到你最擅长、最喜欢而且也最能激发自己才智的工作上去。

我上面给你——作为专家的你——提供了一个让自己的个人工作效率直达顶峰的公式，想必你应该想到，无论在哪个领域，专家的收入都是通才的十倍。比如，心脏病专家 vs. 医学博士；计算机大型数据库程序的开发者 vs. 程序员；核废料处理专家 vs. 清洁工，等等。

但是，说了这么多，我们怎么才能将自己的能力发挥到极致呢？我们怎么才能抵达那个境界呢？当然，说说总是比实际做起来要轻松容易得多，不过你今天就可以向着这个境界起程，一步一个脚印地走下去了，就像我曾经一路走来的那样。

"我们付给他的工资非常高，可他根本就不值那个数"

这句话是塞缪尔·戈尔德温（Samuel Goldwyn）——以扼杀语言文化而闻名遐迩的电影大亨——说过的。实际上，你供职的企业可能为你的某些工作支付了过高的报酬，同时却大幅克扣了你做其他工作应得的报酬。

第一步：诚实的自我分析和自我认知

典型的企业家——也包括我在内——觉得，不，不是觉得，而是确信，无可怀疑地确信自己无所不能，因为，在某些时候我们必须无所不能。然而，虽然我可以做企业中的所有工作，不过，事实上我能做得异常出色的事情也只有那么几个——哪怕把世界上所有的钱都给我，我也不愿意雇用他人来做这些事情。在这个星球上，只有几件事情我比任何人干得都好。我想，你也是这样。此外，还有一些其他事情你和我可以做得不错，可以比大部分人做得更好。但是，那些事情并不是我们"专家"做的事情。另外，还有很多事情并不一定非要你和我来做不可，而且做得也不是很好，不过我们却一直在做。

如果你能坦诚面对自己，那么你就可以罗列出这三种事情的清单。（独自坐下来，罗列出这三种事情的清单，是个非常不错的个人时间效率练习）

"要么授权他人，要么停滞不前"

第二步：放权

当然，让企业家放权是很难的事情，就像告诉政治家什么是事实真相一样。放权对企业家而言是完全不合规律的事情。为什么呢？原因之一是习惯使然。我们从零开始创建了企业，事无巨细我们都要亲力亲为，我们自己创建了一套我们笃信不疑的工作程序，后来发现打破这些传统和习惯确实极为困难，因为没有任何人的工作方法会和我们完全一样。

多年前，业界巨头安利公司的联合创始人杰·温安格一个题为"要么放权，要么停滞不前"的演讲，给我留下了深刻印象。毫无疑问，整个安利制度就是建立在"倍数增长"理念基础上的，一个人学会了一套技巧之后，他会一次又一次地"复制"并传播这套技巧。杰·温安格和合伙人理查·狄维士创建了一个"疯狂增长"的企业，而为了确保企业的领先地位，他们要不断放权。最后，他们一次又一次地让他人取代了自己的位置，稍后我们还会谈到这一点。杰·温安格的演讲让我清楚地领悟到，确保任何企业不断前进的唯一途径就是不断放权。

条条大路通罗马

20世纪80年代，底特律活塞队的助理教练布兰登·苏尔在球队处于鼎盛时期时曾经告诉我："你知道在NBA中有多少主教练吗？是的，也就是说，正确的教练方法有很多，因为每位教练的带队方式都不同，不过他们加起来的人数也只是顶级教练的0.1%。除他们以外，还有另外的1000位教练像他们一样优秀。此外，每一个教练职位都有至少100位合适的候选人。所以，虽然这些教练都'训练有方'，不过他们的训练方式却大相径庭。"他说的是对的。

如果你认为高质量完成工作的途径只有一条，那么，你就很难放权。

通常，差不多就够了

在这里，我给你举一个例子：我曾经有这样一位商业伙伴，他在我的公司中是一位重要人物，每年的薪水高达10万美元。巧的是，他非常迷恋包装包裹。当我们准备一起外出，参加为期一周的系列讲座时，他不是承担很多重要的准备职责，相反，他在托运部一待就是几个小时，在那儿他专心致志地做每小时工资只有 10 美元的职员的托运工作。我得承认，他的包装做得完美无缺，我的意思是，他包装的包裹简直就是艺术品。他对那些需要托运的东西呵护备至，把包装箱的边边角角处理得又结实、又整齐。所以，没有哪个箱子角会在托运途中被压瘪。需要托运的磁带完美地码放在箱子里，把整个包装箱弄得无懈可击。所有的标签贴得都很规范。然而，他离开公司以后的很多年，我们负责托运的职员先后将数千个箱子打包托运到了我开设讲座的地方，当然，他们的包装水平确实乏善可陈，箱子角不是这儿就是那儿被压瘪了，里面的磁带也乱糟糟的，标签贴得七扭八歪，但是，所有的箱子都安全到达了，里面的东西也完好无损，结果并没有什么两样。所以，差不多就足够了。

丹·肯尼迪的时间管理箴言 8

差不多就足够了。

其实，很多很多事情都可以授权给他人去做，他们可能并不像你那么做，可能也不如你做得那么完美，但是结果却是一样的。所有这类的事情都应该放手让别人去做。事实上，你不但应该放权，而且还必须放权。如果你不能放弃某些责任和工作，以便为全新的而且也是更有价值的责任和工作开辟空间，那么你就不能引领企业前进。

请注意,授权他人并不意味着会在企业中形成一个庞大、臃肿的官僚体系,现在,除了利用企业内部的资源以外你还可以将某些工作交给独立的承包商、自由职业者和供货商。"外包"的方式之所以在业界广为流行,确实有其理由。此外,如果你身边的人独具才智和能力,你还必须始终让他们承担全新的、同时也是更重要的责任,必须让他们也学会放权。

掌握放权的艺术

你必须熟练掌握这个难以把握的技巧。为了有效放权,你不妨考虑一下以下七个步骤:

1. 确定要完成的工作是什么。

2. 要确保接受授权的人完全清楚自己的工作是什么。

3. 当你向接受授权的人描述工作内容的时候,要解释清楚为什么要完成这些工作。

4. 教导他们如何完成工作,但不要事必躬亲。

5. 要确保接受授权的人清楚工作程序。

6. 为提交工作进展报告和全部工作完成设定截止期限。

7. 确保你和接受授权的人就工作完成的日期、所需时间和工作方法达成一致。

顺便说几句，抵御事必躬亲的诱惑需要很强的自制力。我之所以不去办公室，而是尽可能在家工作，原因之一在于，如果我去了办公室，我总免不了要"眼观六路，耳听八方"，总想干预别人的工作，总会对每个电话品头论足，总想马上翻看每一份传真件，总想探究所有的事情，而这样的心态和行为既降低了别人的时间效率，也会让我深受其害。所以，现在我总也不去办公室。事实上，我最经常待的地方是家里的办公室，离公司办公室——我惟一的助手负责打理那里的一切——很远，两个办公室分处国家的两头。

虽然放权的工作方式远不如火箭科技那么玄妙，不过，你确实需要很多耐心，甚至还会耗费些时间。但是，为了更好地运用这种工作方式而投入时间，为了让身边的人更好地回应你的工作方式而投入时间，是你将时间投入到更有价值事情上的唯一途径。

不只是放权

虽然放权的过程很痛苦，不过，放权只是一个开始。让企业家大获成功并最终过上幸福生活真正的、更具威力的"重磅秘密武器"是超越放权，让他人替代自己。

第三步：让他人替代自己

我的白金会员罗里·夫埃特——餐厅市场营销系统公司的总

122

裁——给数千位餐饮业业主的规劝是:"解雇你自己!你会为此挣到更多的钱,也会更快乐。"不肯放手企业的顽症在所有行业都普遍存在,但是,罗里·夫埃特说在餐饮业尤其流行,也更严重——这种顽症是业主信念的终极结果,他们认为他们必须亲自配制沙拉酱,必须亲自在餐厅门口迎候客人,必须亲自进货。他们乐此不疲地干那些每小时价值 10 美元的工作,而从不去做那些每小时价值 100 美元的工作,比如,通过市场开拓吸引新客户,留住回头客,等等。罗里·夫埃特说:"你可以雇佣任何人擦玻璃,很多人都会配制沙拉酱,但是你很难找到能有效开拓市场、提升餐厅运营绩效的人。"

"他们和我签了一份终身合同, 之后他们宣布我'气数已尽'"

我很赞同罗里·夫埃特的观点——绝大多数企业所有者都应该把自己从那些每小时价值 10 美元的繁冗工作中解放出来。死于癌症的著名篮球教练吉姆·法瓦诺写作的一本书,标题就是上面那句话,这对篮球领域而言可是颇具讽刺意味的一记重击。他在书中写道,只有三种教练:刚刚被聘任的教练,刚刚被解雇的教练和很快就会被解雇的教练。吉米·约翰逊连续两次率领达拉斯牛仔队打进美国国家橄榄球联盟总决赛,不过随后就被解雇了。没有人,我是说任何人,是不可替代、不可或缺的。约翰尼·卡森宣布退休那天,全国人民都在想,是不是《今夜秀》(Tonight Show) 节目也会很快寿终正寝,就连美国国家广播公司

（NBC）对此也疑虑重重。但是，越来越多的人成了杰伊·雷诺的忠实观众，我怀疑，现在如果人们在大街上与约翰尼·卡森迎面撞个满怀，是不是还能认出他来。而杰克·帕尔如果不带证件的话，甚至连电视台都进不去。

第四步：为自己的可有可无欢欣鼓舞

绝大多数人不喜欢被人视为可有可无的人。正在度假的企业家就像精神分裂症患者：他们希望公司的一切进展顺利，但是当他们往回打电话，发现一切正常时，又掩饰不住内心的失望和失落。公司怎么可能在自己不在的情况下运转顺利呢？我想告诉你，并希望你能欣然接受的是，要为自己可有可无的状态欢欣鼓舞。

企业家是靠经验和特长成长起来的群体，他们是悟性很强的快速学习者。你自己可能就有过这样的经历：在短短几个月的时间里，你就完全"吃透了"整个行业。不过，尽管如此，你还是按部就班地把这类老一套的事情又做了好几年，而这样的工作常常导致你的停滞不前，也会让你的生活差强人意。因为无精打采、厌烦无聊，那些你本可以驾轻就熟的工作也可能做得一塌糊涂。因此，让自己摆脱困境的最终出路就是让他人替代自己，也就是说，你主动从老套的工作中"退下来"，去寻求新的机会，去承担全新的责任，去选派适当的人选来取代自己的位置。

请注意，这种"放权"的方式，与公司官僚体制中经理人的行为恰好相反。在公司里，经理人殚精竭虑，唯恐后来者取代自己的职位，经理人会坚定地捍卫自己的疆土。他们利用隐秘的手段，利用刻意制造的混乱，利用公司政策以及任何可以想象得到的方法，竭力让自己不可或缺。而才智出众的企业家则正好相反，他们努力让自己变得可有可无。

我在自己经营企业的历程中，就曾经历过不同的模式。我曾经聘用过 42 位雇员，在很长一段时期内，我有 5 个雇员，而现在却只有一个。我曾经大胆放权，也曾经大权独揽，事无巨细全部亲力亲为。我承认，直到现在我还在为当时"大抢雇员的风头"，而不是监督他们完成某些工作而深感愧疚。从 1999 年开始，我开始从放权向退出大步迈进。那时候，我卖掉了信息产品业务。2003 年，我又卖掉了业务通讯业务。从此，我抵达了一个我称之为"丹是宇宙策略中心"的境界：我稳坐业务的中心地带，其他的附属业务全部归他人所有，并由他人负责运营，那些业务顺利运营的基础是我、我的作品和我的理念，他们要付钱给我。现在，我有四个这种附属业务。

你需要好好考虑的一个问题是：你需要制订一个计划，以减少企业和企业的收入对你时间和工作的依赖性，那么，这个计划是什么样的呢？

用解放出来的时间去干什么？

其中之一，就是享受自己创造出来的成功。打高尔夫球、买赛马、在赛马场上驰骋（这是我的最爱）、写作、参加社区服务活动或者政治活动，无论你想干什么。

丹·肯尼迪的时间管理箴言 9

解放自己，是企业家所能取得的最高成就。

如果你正在寻求将解放出来的时间最大限度地转变成金钱和财富的途径，那么，你可以将自己的注意力转向市场开发工作。你可以最大限度地摆脱企业运作的其他日常工作，激发起自己对市场运作的热情和兴趣，并将时间投入到这个方向上去。为什么要做这些呢？因为比起发现一个市场运作能力出众人选的难度来，聘任或者培训一个打理企业运营事务的人简直是易如反掌。市场运作是企业中薪酬水平最高的职业，而且也是企业运营中最富价值的工作。能创建出有效吸引客户、顾客、就医的患者系统的人，可以让企业财源滚滚，他们就是企业的"摇钱树"。他们在企业中的作用，就像运动队的"职业高手"或者"大牌明星"一样。

我给你举一个小例子：一个发行多种业务通讯的大型出版商，每年平均只聘用四到五名广告文案专业作家，为自己写作能吸引新订户的销售信函。能为这个出版公司创作出成功销售信函的广告文案作家，一年的收入——稿费和版税——很少低于 25 万美元的水平——而且只写一封销售信函！无论是小说家，还是电影剧作家，无论是技术领域作家，还是新闻记者，没有谁能用区区八页作品就挣到 25 万美元。

在我名为《用你的创想挣百万美元》（*Make Millions with*

Your Ideas）一书中，我讲了这样一个故事：一位声震四方的市场运作"大师"，将一个成功无望的产品成功转化成了一个巨大的、价值数亿美元的"摇钱树"。他因为发现了该产品市场运作中需要"修补"的三个"小环节"而得到了数百万美元的酬劳。

我想，下面这个事实一定会让你兴奋异常：大部分第一流的、最成功的市场运作奇才，都是从企业家队伍中脱颖而出的，他们取得的显赫成功完全靠自学，很多人在很短的时间内就进入了市场运作的"佳境"。他们的历练成就了他们的今天——他们每个小时的价值都高达数千美元，毋庸置疑，你也能行。是的，你没听错，我说的就是"你也能行"，通过两到五年的磨炼，你也能让自己的每小时值 1000 美元，甚至更多。

加入到我们的行列里来吧，从繁冗、无聊的例行公事中抽拔出来，摆脱那些收入平平的工作，也脱胎成一位市场运作"大师"吧！

11. 高效利用时间的十三个窍门和观念

> 我最后一次听到债权人的声音已经过去了 24 个小时，可我觉得似乎是昨天的事情。
>
> ——引自乔治·马伦提斯（George Marentis）发表在《引证》杂志（*Quote*）上的文章

有些问题不值得占用一章的篇幅来讨论，在这样一本论述如何提高时间管理效率的书中，浪费时间填充这类的内容，而且占了一整章的篇幅，简直就是罪恶，你觉得不是这样吗？

与狗同眠的人，必然惹一身跳蚤

其实，不是我太慢了，而是他们太快了。

——玛丽莲·梦露

是的，你与谁为伍确实很重要。你聘用什么人当然非常重要。无论你的个性有多强，你都无法回避长期在你身边的人对你的影响。这也是为什么第一次入狱的犯人，经过与那些冷酷的惯犯"亲密接触"之后，往往会"改造成"死不悔改的恶徒的原因。"同伴"是这个星球上对我们最富影响力的人。无视这一点，你终将自食其果。

所以，如果你与那些毫无道德良心的人为伍，用不了多久，你就会发现：你会谎话连篇，你会欺上瞒下，你会欺诈拐骗，而且越来越"驾轻就熟"，越来越心安理得。整天和穷人泡在一起，你永远也成不了富翁。如果你整日与那些毫无时间价值观念的人——他们无视自己时间的价值，同时也不珍惜他人的时间，整天浑浑噩噩、虚度光阴的人——为伍，你的时间效率也将大打折扣。

任何网球选手、高尔夫球选手，或者其他项目的运动员，都会告诉你：如果你想提高自己的竞技水平，那么，去找那些水平比自己高一两个层次的人对练吧。

这也是为什么你要与那些忙碌的、工作高效的成功人士为伍的原因。此外，你还应该把那些随便浪费时间的人从自己的生活中"剔除"出去。

明日复明日，明日何其多

我坚信准时是一种美德，尽管这种信念让我孤独异常。
——爱德华·沃勒尔·卢卡斯

当你去墨西哥的时候，或者去拿骚——这是我最喜欢的地方——的时候，你必须摘下自己的手表，强迫自己融入当地生活的缓慢节奏，因为这些地方的人，无论干什么事情，根本没有时间的紧迫感。无论你用什么办法，都改变不了人们的行动节奏。如果你不能融入这种生活状态中，如果你不喜欢那种生活节奏，你最好远离那些地方，否则，情急之中你可能会出手伤人。

当然，就度假而言，那种环境非常理想。但是，对我来说，与商务领域很多毫无时间紧迫感的人打交道，确实让我沮丧不已。大部分人总是抱着这样的态度：无论什么事情，我们今天做不完，明天可以接着做，没什么大不了的。

向他人持续不断地灌输时间紧迫感的观念确实异常困难，大部分人对此不以为然，只有很少的人能深明其中就里。这也是为什么政府试图改变5%的人占有95%财富现状的努力注定会失败的原因。因为只有5%的人拥有95%的人所不具备的时间紧迫感。

如果一封信今天而不是明天寄出对你确实很重要，如果一个邮件在本星期五而不是下星期一投递出去——这样，星期一早晨就可以被送达收件人——对你确实很重要，如果一个项目按时完成对你确实很重要，那么，自然而然地你就会比其他人取得更多成功，因为他们认为这些事情算不了什么。

大部分人工作节奏缓慢，不妨看看你周围的人。有一则古老的时间管理格言说：有多少时间，完成工作就需要多少时间。对大部分工作拖拖拉拉的人来说的确如此。很少有人提前完成工作，并将节约出来的时间另作他用。在我的公司中，当我母亲离开办公室以后，如果我妻子不过来帮忙，我母亲一个人的工作需要三个"正式"雇员来完成。大部分人的工作节奏之慢常常让我惊诧不已。一会儿打个电话，一会儿休息一会儿。

你 应该学会快速（更快速）地工作，快速工作可以让你更精明。

我喜欢在"时间枪口"的威逼下完成工作。在我的孩提时代，当我在赛马场的马棚工作时就学会了快速工作的技巧。如果你的工作是照料马匹，那么从驯马师早晨把马牵出去的时刻开始，你必须在 15 分钟甚至更短的时间内，清理完马粪并铺垫好干净的干草，打扫完马食槽子，给马食槽子里注满清水，而且要在驯马师回来之前给另一匹马上好马具。如果你"马不停蹄"地快速行动，做完所有这些工作需要 13 分钟的时间，这个时间长度就是我的"时间枪口"。现在，在很多情况下我都很清楚完成某项工作需要多长时间，而这些时间就是我给设定的完成这项工作的限期。

如何利用家庭办公室提升个人工作效率？

你不能拥有一切，要不你把它们都放哪儿？

——喜剧演员史蒂文·赖特

就在最近，我的客户、朋友，也是我的生意伙伴杰夫·保罗写作出版了一本神奇的小册子——《如果穿着睡衣在家一天挣4000 美元》（*How to Make ＄4000 a Day, Sitting at Home, in Your Underwear*），这本书的销量已经超过了 30 万册。实际上，这本书说的是如果取得邮购业务的成功，但是，结果表明本书的书名恰好触动了成千上万人的心弦。当本书的销售广告在一份全国性杂志刊登出来的时候，引起了空前的反响。为什么呢？因为人们厌倦了每天上下班要耗一两个小时的痛苦，厌倦了自己的汽车与别人的汽车首尾相接、一寸一寸缓慢前行的无奈，厌倦了呼吸有毒尾气的毒害。

据粗略估计，现在有 6500 万人在家工作，有些人是"全职在家工作一族"，有些则是在家兼职，而且这个数量还在逐渐攀升。这要感谢雇主们明智推出的弹性工作时间政策，要感谢企业家队伍的壮大，要感谢新技术的不断进步，当然还要感谢日渐恶劣的交通环境。在我们中间，那些致力于市场拓展的专业人士已经杜撰出了一个新名词"SOHO 市场"，用来描述迅速增长的小型企业或者"微型"企业以及在家里运营的企业。现在，大部分住房开发商都在样板间中设置了家庭办公室。

在我写作本书第一版初稿的时候，《家庭办公计算机》杂志（*Home Office Computing*）进行的一项调查显示，96% 到 98% 的在家工作的人说：他们比在公司办公室工作更快乐，并愿意把在家工作的方式当成一种生活方式推荐给别人。我从客户中听到了两种不同的见解。有人说，他们根本没法在家工作。之所以如此，大都因为他们无力抵御干扰，不能专注于工作。不过，大部分人更喜欢在家工作，而且认为在家里工作的效率更高。在保罗和萨拉·爱德华合著的《在家工作》(*Working from Home*)一书中说，一位远程工作咨询顾问认为，如果在家工作，效率可以提高 15% 到 25%。

我从起床、洗漱到进入工作状态只需要 5 分钟。如果你上班的时间是 45 分钟，那么，每天上下班的时间 90 分钟累计起来，一年就从你的日历上削掉了九个可能创造价值的工作周。每年的 1 月 1 日你就得把一年的时间去除两个月加一个星期。单单是弥补这些时间的损失，你就需要付出九牛二虎之力，更不用说每天上下班还要忍受臭气熏天、污秽肮脏、日益严重而且常常有损健康的汽车尾气给你情绪带来的影响了。

当我全天在家工作的时候，我不用花一小时甚至一个半小时去吃午饭，我可以径直走进厨房，自己做午餐（而且还吃得更健康），吃到尽兴处我还可以毫无顾忌地狼吞虎咽。在家工作，我可以舒舒服服地坐在按摩躺椅上打电话，同时享受背部按摩，也可以跑到露台上打电话。因为在家工作几乎没人打扰，所以我干劲十足，而且可以完成更多的工作。更美妙的是，即使午后小睡一小时，我仍然可以比在传统的办公室环境完成更多的工作。你为什么不也用这种方式来工作呢？

是的，任何事情都有个利弊问题。你在家里的办公室不可避免地会扩展开来，不会局限在一个房间里，所以常常把家里弄得"很乱"。或许，你的生意更多的是在你的脑子里。对我而言，怎么乱都是划得来的。

在什么环境中达到个人工作效率的最大化，因人而异。索洛必须离开人群，坐在湖边，远离所有人，写作才能高效。如果你也一样，不妨带上驱蚊水，如果需要，在车里装一部传真机、带上手机，备好午餐，直奔阳光灿烂的大自然。我朋友杰夫·保罗就看不了人们西服领带的样子，他喜欢的是穿着脏乎乎的旧套头衫在家工作。这不是很好吗？有些人喜欢在办公室或者办公大楼的环境中与人结交，如果你就是这样，说不定在家工作就是一个错误的选择，尽管你依然可以找到其他社交途径：比如，出去喝杯咖啡放松放松，或者给朋友打个电话，等等。你应该尝试一下，以便找到最适合自己的工作方式。

如何避免在机会和成功中"溺毙"？

只管说"不"！

——南希·里根

在旁人看来，很多企业家是"一夜成功"的，不过，他们在取得那些显赫成功之前，大都经历过长期的挣扎和奋争。曾经有数年的时间，我做着默默无闻的工作，甚至还做过很不体面的工作。我的汽车曾经被收走，我曾经被债权人追债，曾经破产，曾经穷困潦倒，以至于只能从沙发的边边角角翻出些零钱去买些东西果腹，曾经开过"叮当乱响"的破汽车。我曾经被人奚落过，曾经遭受很多冷眼，甚至曾经被人辱骂过。经历过所有这些以后，我对机会和好运总是心存感激、诚惶诚恐，总是担心它们在一夜之间消失得无影无踪。在某种程度上说，这种"妄想狂"是有益的。我就曾经很多次见过有些人的"过火"行为：时来运转的家伙忘乎所以，觉得自己的好运永远不会终结，所以花起钱来像醉醺醺的水手一样，毫无顾忌，日常开支迅猛增长，而且变得目中无人。随后，财路断了，一切都烟消云散了，这种打击是致命的。

从另一方面说，这种"妄想狂"让人很难说"不"。但是，对珍惜时间、效能导向型的企业家而言，最重要的是说"不"。

在机会面前说"不"是很痛苦的事情，但也是必要的。因为你越成功，找上门来的机会也就越多，人们会在你的门外排起长队。但是，如果你对所有的人和所有的机会都说"是"，那么，用不了多久，你就会"溺毙"在自己曾经的辉煌中。

同样，确定今天不做什么事情也很重要。在有限的时间内，总是有太多的事情需要做。需要打更多的电话，需要和更多的人交流，需要去更多的地方，需要查证更多的细节，等等，而时间则总是不够用。不过，时间的缺乏并不会减少而是更能促进你的成功。

对于那些总是想圆满完成工作的人——那些追求"完美"的人——来说，他们从情感上很不情愿把未完成的工作留到以后，知道某些工作应该做完可没有做完，对他们来说是很痛苦的事情。但是，面对有限的时间，你必须学会调整自己的日程，必须尽快"圆熟"起来。你应该清楚，在有限的时间内，你只能做那些你能做的工作，不能做得更多了。对我来说，从来没有哪一天该打的电话没打，没有哪一天该写的信没写，没有哪一天该完成的工作没有完成。我的方法就是每天的工作按计划、按照依轻重缓急顺序罗列出的工作清单开始，尽可能减少调整，而且先从最重要、最需要优先处理的工作做起，之后按照清单依次做下去。要有强烈的时间紧迫感，并且极尽所能，不过当一天的工作时间结束了的时候，只管让自己去放松吧。

当你罗列自己的"待办事项"名单时，很重要的一点是，不要让它"负载"过重，人们常常"超负荷运转"。不过，这是可以理解的。当我外出旅行时，我给自己安排的在一次旅行中完成的工作量，三次旅行都做不完，这就是典型的"超负荷运转"，但是如果不能如期完成，我常常备感沮丧，从而大大削弱了工作效能。所以，决定不做什么事情是非常重要的。

短期、中期和长期的思考

如果你不知道自己要去往何方，你就不知道自己将会在哪儿落脚。

——尤吉·贝拉

在我演讲生涯的早期，我的演说家朋友基思·德格林说，一个演说家应该有一个"短期市场"，在这个市场里，初入行的演说家勤奋工作，积累经验、赚钱、偿付自己的开销；演说家还应该有一个"中期市场"，在这个市场中，通过两到五年的努力，建立起自己的声誉，并取得成功；此外，演说家还应该有一个"长期市场"，让自己的演说生涯在其中持续五到十五年时间。作为演说家，你必须向三个市场同时投入时间和精力。

就演说而言，我一直遵循着这个思想，不过，我还把它应用到了更为广泛的领域。事实上，我认为每个企业家都应该持有同样的观念。现在，你的"短期思考"必须集中在目前的商业运作上，也就是专注于你今天面临的问题：我们如何扩大销售？如何吸引新客户？如何更好地留住客户并与老客户进行更多的商务往来？如何提高企业的利润水平？如何解决管理问题？如何提升员工的绩效？如何与供应商达成更紧密的合作？如何找到资金？

但是，与此同时你还必须在"中期思考"上投入时间和精力：我希望，两年后、三年后或者四年后，企业发展到什么样子？我所在的行业、社区和客户身上正在发生的什么变化我必须密切注意并与其保持同步？已故著名演说家艾拉·海斯将这种思考称之为"与明天保持同步"。

此外，你还必须同时进行"长期思考"，并将自己的企业运营和自己的生活方式结合起来：你希望自己五到十年以后的生活是什么样子？我觉得，你需要在长期思考中投入些时间和金钱，并开始设计通往未来财富佳境的道路。

137

快刀斩乱麻

没有什么比总也没有什么结果的事情更让人身心疲惫的了。

——威廉姆斯·詹姆斯

一次又一次地，"令人厌恶的家务琐事"会摆上你的桌面，让你无可奈何、不知所措、烦恼不堪，这类"家务琐事"可能是账目问题，可能是一个员工的问题，可能是某份政府报告的问题，或者任何其他问题。你会一次又一次地把这些问题搁置起来，留待以后处理。千万不要这样，处理这类问题的最好方法就是快刀斩乱麻。无论放多久，这些问题都不会变成美味的"陈酿"，都不会随着时间的推移好转起来。你搁置的时间越长，将来处理起来的难度越大。

顺便说一句，我听到的最好管理策略就是：聘任要慢，解雇要快。如果你听任一个有问题的员工流连不去，那么你不但总能感知到问题所在，总有如鲠在喉的感觉，他也能感觉到你的举棋不定。此外，请相信我，任何人都会知道你的优柔寡断。你处理这类问题越是谨小慎微，以后越容易受到其他员工类似问题的困扰。癌变的组织应该尽快及早切除，有病早治。

如果你像我一样，也有自己的客户，那么，你也应该像我一样地快速摆脱难缠的家伙。斯吉普·罗斯是一家直销组织非常成功的经销商，他的"真空填充理论"给我留下了深刻印象。斯吉普·罗斯认为：人类的本性厌恶真空地带的存在。如果你喜欢某些更好的新衣服，那么，不妨仔细检查一下你的衣柜，把那些你不穿的衣服全部捐给慈善组织，将衣柜腾出三分之二的空间。你会惊奇地发现，你很快就会将那些空间填满。过去多年来，"真空填充理论"帮了我不少忙。每次我说"不"的时候，每当我摆脱了一个麻烦重重而且维护费用高昂的客户的时候，腾出来的"真空"总是很快就能被更好的生意填充起来。我知道，你也有同感。

不只是欣赏马的健美，还要骑上去，握紧缰绳，尽享策马驰骋的快乐

作为男人，我们的责任是一往无前，

就像没有什么可以制约我们的能力那样。

——法国传教士夏尔丹

如果你知道自己不能出错，你的绘图方案会是什么？

——罗伯特·舒勒牧师

当你一筹莫展、反复出错的时候，有些神奇的时刻、神奇的日子会"喷薄而出"。

所有的橄榄球球迷都知道那个著名的"触地得分"，1986年，约翰·艾尔维在比赛进行到最后一分钟时那个非凡的得分，彻底打碎了克利夫兰队进入橄榄球联盟总决赛的梦想。我们知道，约翰·艾尔维在球场上不止一次搬演过这样的一幕。我们知道，斯道巴赫也曾如法炮制，我们还看到过乔·蒙塔纳同样精彩的表演，甚至新手戴夫·克里格也曾以此道大出风头。我们看到过很多当代四分卫球员在终场前的一刻力挽狂澜、扭转乾坤的情景。我们都看过这样的比赛：整个球队在比赛的大部分时间表现平平，突然，从队员们无精打采和愚蠢透顶的表现中升腾起一股神奇的力量，在短短四分钟时间内的得分超过了之前 40 分钟的得分。如果你和一群人一起观看这样的比赛，总会听到有人合乎逻辑的诘问："嘿，他为什么不在全场比赛中都这么发挥呢？他的天才一小时之前跑哪儿去了？"

那些家伙突然之间就进入了魔力无限的"状态"。是的，他们会做错事，但是他们不会失败。

优秀的成功学教育家厄尔·南丁格尔曾经说过，"我们每个人都会与这样的时刻'迎面相撞'——六个月在我们身上发生的事情，比前五年发生的事情还要多，发生在我们生活中的各种事情会被'压缩'在一个很短的时期内。"这是一个不同寻常的现象，正是这种现象，让企业家们经年的艰苦工作、努力奋争和自我牺牲得到报偿。这样的时期也是个人工作效能最高的时期，是一切顺遂的时期；机会接踵而至，通往成功的大门轰然洞开；赞誉迎面而来，声名日隆；收入大幅攀升。

当这个奇异的现象出现的时候，一切都会加速进行。如果你已经习惯了每周发展几个新客户的节奏，那么，突然如潮水般涌来的大群客户会让你应接不暇，不过，畅旺的生意值得你付出数倍的时间，值得你像个兔子似的奔忙。下面就是在这种情形下你应该做的：向他们真诚致谢、废寝忘食、大量服用维生素以迎接客户大潮。请注意，当这一切突然之间发生的时候，你要适时"火上浇油"。这样，用不了多久你就可以轻松打理本来超出你能力的事情，并尽享成功带来的所有快乐了。

当这种奇异的现象发生的时候，你要严防任何人、任何事情为你畅旺的局面"釜底抽薪，扬汤止沸"。注意不要让自己被那些嫉贤妒能、贫困潦倒、平庸无能、懒惰懈怠、贪得无厌、牢骚满腹的家伙们拉下既耗时间又牵扯精力的泥沼。遇到这样的人，你应该像捻死臭虫一样地"剿灭"他们。

有些人就是不能"消受"突来的繁荣，如果一切都来得太快，他们情感和心理上的混乱，会让他们为隆隆疾驶的列车设置路障，以强行减速。如果这样的人恰好是你的商业伙伴、朋友，对了，如果你的配偶也恰好是这类人，你该怎么办呢？我就有这样一个熟人，在这儿就不说他的名字了，他就娶了一位无法"消受"成功的女士。客观地说，她是个好妻子，陪伴他一路走向成功。不过，在那之后她患上了一种很奇怪的病，不断地与丈夫闹别扭，把汽车都撞毁了。我就亲眼看见过好几次那位女士在丈夫面前摔门而去。所以，在你的生活中一定要留意这类人。

好了，让我们再回到那个奇异的现象吧。我不知道那种现象是如何被激发出来的，但是，我知道有几个因素和条件看起来是那种令人向往局面发生的前提。第一，它会发生在那些个人工作效率很高的人身上；第二，它会发生在那些热切追求自己既定目标的人身上；第三，它会发生在那些与其他表现优异的人为伍的人身上；第四，它常常以一个"重大突破"的形式爆发出来，所以，你必须机敏地将它辨识出来并善加利用。

你可以在自己的生活中创造某些最可能激发出这种现象的条件，之后，去热烈地拥抱它！

141

12. 抵达个人时间
效率顶峰的心理控制

> 我母亲曾对我说，"如果你当兵，你会成为一个将军；如果你做一个修道士，你最终会成为罗马教皇"。不过，我成了一个画家，并最终成了毕加索。
>
> ——毕加索

你可以装备性能优异的日程安排设备，也可以用电脑软件、记事本、颜色各异的钢笔、不干胶贴纸、甚至用在手指上缠绕线绳的方式来配置自己的时间，是的，可资利用的方法不计其数，不过，如果你的"心智状态"失控，你依然会为时间效能的低下痛苦不堪。

心理控制论以及时间效益的最大化

我想，你一定知道"心理控制论"这个词。同名书籍在全球的销量已经突破了 3000 万册，南丁格尔—科南特集团（Nightingale – Conant）和赛博威申公司（Sybervision）还出版发行了《心

理控制论》的各种磁带版本。此外，本书的一种录像版本也由
"音像复兴"公司（Audio Renaissance）通过书店系统推向市场。
麦克斯韦尔·莫尔茨博士发明的心智训练技巧，得到了很多著名
职业运动员、教练、大型公司的执行官、销售精英、娱乐界人士
的推崇和付诸实施，当然也包括我。著名画家萨尔瓦多·达利向
麦克斯韦尔·莫尔茨博士赠送了自己的一幅原作，以感谢他的心
理控制论对自己职业生涯的影响。

20 世纪 60 年代，当麦克斯韦尔·莫尔茨博士最初将自己的
研究成果发表的时候，他的思想对当时的人说来太过超前了，以
至于人们现在才刚刚惊奇地发现这一理论中的重要内涵，并从中
大获裨益。

你可能会想，麦克斯韦尔·莫尔茨博士的心理控制论与你
有什么关系呢？与你提升个人工作效能有什么关系呢？

人们的心理只有处在某种状态，个人工作的效能才能得到最
大限度的发挥。而通过掌握并运用心理控制的技巧，你就可以在
需要的时候，能动地创造出那种心理状态。

比如，麦克斯韦尔·莫尔茨博士谈到的"清空计算器"概
念。如果你身边就有一个简单的计算器，不妨拿过来看看。你会
发现，你在输入新的数字之前必须将计算器清空，或者将上面显
示的数字储存起来。在对人类行为的研究中，麦克斯韦尔·莫尔
茨博士观察到，我们常常在"按下大脑中的清空键"之前，试图
同时关注好几个问题。

要想达到个人工作效能的最大化，你必须要能非常熟练地终
止、储存并清空头脑中正在运行的"运算"，在某一时刻将全部

注意力 100% 地集中于手头儿的某一项工作上。我的一位客户——一家年销售收入 2000 万美元公司的首席执行官——总是愁眉不展，注意力总是很难集中起来。他坦承，某一时刻当他想专注于某个事情的时候，他的脑子里总是同时想着其他十几件事情，他说：自己常常被自己混乱的思路搅得一塌糊涂。他对我的工作状态大感惊奇，并告诉别人说："简直太神奇了，丹·肯尼迪可以先把一个问题'装箱打包'，放到脑子里的一个'架子'上，完全专注于其他工作，而当他想处理以前的问题时，他可以随时从'架子'上取下来。"这是因为对"清空计算器"技巧经过长时间的练习、再练习和实践、再实践以后，这种能力已经成了我的"第二本能"。

我之所以成为一个高产作家，一个重要的理由是：我从来不需要"进入写作状态"才能动笔。很多人单单是为了进入写作状态（准备写作的状态，还不是写作本身），就要提前进行很多身体和心理上的准备，可我从来也不。我只要坐下来，把手放到键盘上，在 60 秒或者更短的时间内"清空我的计算器"，就可以开始动笔了。

这是心理控制所有技巧中一个简单但力量强大的技巧之一，它为我们清楚揭示出了一个重要的观点：如果你不能掌控自己的思路，不能掌控自己的心理状态，你就不能掌控自己的时间。

创建一个可以让你高效工作的环境

你有很多办法，让工作环境更适合你开展工作，而不是成为

144

掣肘。不妨仔细考虑并尝试一下下面的这些点子：

- "心理机关"。
- 井然有序 vs. 凌乱不堪。
- "风水"。

就像我曾经谈到的，我对在自己的工作环境中布满"心理机关"——也就是提示我按照某种方式思考的东西——的效用笃信不疑。比如，我的工作是凭借智慧获得财富，所以我的工作间布满了代表财富的东西，抬眼看去，就有 27 幅图片、实物和仿制品都与财富有关。因为我非常在意时间，所以我身边有八座钟。我有一个木制的刽子手绞刑器具，用以提示自己完成工作的期限。墙上有一幅画，画着一只黑虎正在丛林中贪婪地盯着一个男人。这幅画提醒我：丛林中总有饥饿的老虎。所以，我必须更努力、更好斗。

我有一位通过自身努力大获成功的好朋友，他在汽车仪表盘上放了一个小牌子，上面写着："人们是善良的，做生意是很美妙的，生活是非常美好的！"他在每次接打电话的时候以及下车赴约的时候都能看到它。

我想，你可能会处在以下三种工作环境中的一种：

1. 随机设置，没有任何目的性。
2. 有意无意地，将东西摆放得让你常常出现消极怠工、失望、恼火、厌恶和沮丧的感觉。

3. 用精心选择的东西，刻意营造出能促进积极、高效、自信
   工作的环境。

"干净利落的办公桌是思想苍白的象征"

对这种说法，我想我们不应该过于主观和武断。不过，我觉得一个办公桌和工作环境永远保持不变、永远都像从未曾启用过那么整齐的人，很可能是个神经质的人，我倾向于这种判断。但是，从另一方面说，在凌乱不堪、混乱无序的工作环境中工作，必然要在翻找东西上浪费大量时间，也必然容易分心。好在，在以上两种极端情况之间还有很多种环境设置方案可供选择。

就我个人而言，因为在很大程度上得益于"清空计算器"的心理控制技巧，所以我完全可以在凌乱而无序的工作环境中保持工作的高效率。不过，我在那种我称之为"半有序环境"中的工作效率最高。作为一位作家，我想，我的身边不可避免地总会堆放不少的纸张、参考资料和其他文件，但是，我发现如果按照主题或者项目分门别类地整理好，它们对我的工作会非常有帮助。

真正富有创造性的想法似乎更可能来自混乱的地方，而不是来自那些井然有序的组织。但是，成功贯彻实施这些创想则有赖于高度组织化和纪律化的方式。

正如管理大师彼得·杜拉克谈到的，我们追求的实际上是成效，而不一定是效率。如果在典型的企业家身上安装一个"时间和动作"分析仪，你会发现，大部分时间他们是"无所事事"的。你怎么评价这样一位企业家呢：他要么坐在办公室的地板上

146

大看日间播出的谈话节目，要么就好几个小时不停地翻看杂志。之后，突然之间，有如"神授"一般，他找到了公司健身器材新品的销售"妙招儿"？

就工作环境来说最重要的是，你要对自己老实些，要弄清楚这种程度的凌乱、无序状态，是有助于你提高工作效能呢，还是降低你的工作效率？是让你觉得无力掌控呢，还是刚刚好？

> **这**里，我告诉你一个节约大量时间的小窍门：拿不定主意是不是应该保留的东西，索性就把它们扔掉。

很多人都近乎本能性地想留存东西。不过，我发现对文件、材料而言，能扔就扔不失为一个好办法。如果你确实说不准那些东西自己以后还会不会用到，好了，直接把它们立刻扔掉吧。如果它们对你确实很重要，它们自会再度出现在你面前的。一年至少有一次，通常是在 12 月，我会对我的信函文件夹、客户资料记录、办公桌抽屉，等等，来一个彻底的"大扫荡"，把我可以扔掉的所有东西都一扫而空。很多年来，我当时扔掉后来又需要的东西，再度神出鬼没地出现在我面前的时候只有一两次。

把你的工作间设置得便于工作同样很重要。我自己的家庭办公室弄得就像飞机驾驶员的驾驶舱一样，不用从转椅上下来，我就可以自如操作电脑、打印机、电视、录像机、磁带录音机和计算器。坐在转椅上我就可以取到最重要的参考书，方便地拿到参考资料。你设置的工作环境应该可以让你一旦开始工作便专注于

147

其中，而不必频繁地从座位上离开找这拿那。

以前，我把大部分文件、资料和图书从一个家庭办公室搬到另一个家庭办公室，那些东西装了 100 多个箱子。因为我总是很忙，所以两年过去了，有些箱子到现在还没有打开过，再说，我也不需要从那些箱子里找什么东西。毫无疑问，等我有一天打开那些箱子的时候，我一定会把里面的东西都扔掉的，所以我应该在搬家之前就把它们扔掉，压根儿就不应该再把它们弄过来。因此，我常给自己这样的提示：能扔就扔。

无绳电话确实是个了不起的发明。如果你像我一样，要频繁接打电话，那么无绳电话会给你带来很多方便，你可以边走边聊，接打电话的同时还可以在躺椅上放松一下，可以边通话边找文件，甚至可以拿着电话走到户外。

"风水"到底是什么东西呢？

我从来也不会让人说我的书没给读者带来什么新意，"风水"对我们来说就是一个新东西。"风水"也是西方商界和很多人近来遵循的一套东方哲学。从字面上来翻译，"风水"的意思是"风和水"，按其含义来说，"风水"就是通过让你和你所处的环境之间更加和谐，从而达到提升你的工作效能、创造力以及改善运气目的的艺术。你可以把它视为为办公室实施的"针灸疗法"——通过聚集能量而更自如地移动。

我在这里举一个例子，重新摆放家具或者用一个透明的大鱼缸取代一面坚固的墙，就可能改善房间的风水。《风水让你轻松安逸：用古老的布局艺术设计你的生活》（*Feng Shui Make Easy：Designing Your Life with the Ancient Art of Placement*）一书的作者维廉·斯皮尔喜欢向人们讲这样一个故事：他曾经受悉尼国王十字勋章凯悦酒店的邀请，为酒店差强人意的经营状况进行风水咨询。他建议酒店将电梯在酒店大厅换个位置，这个改装非但没有让酒店浪费钱财，反而为酒店带来了畅旺的生意，在没有其他任何变动的情况下，酒店的入住率节节攀升。

风水专家认为，你可以在自己的房间里创建一个"财富角落"，你也可以在房间里开辟一个"场"，这些变化都有助于你大幅提高工作效能。他们还认为，饭店和餐馆的风水可以让旅客和顾客感到这类场所更有亲和力、更舒适。

或许，你会认为所有这些东西不过都是无稽之谈而已。但是，很多非常严谨的公司并不这么以为。在香港，就连香港银行和怡和公司（Jardines）这种大型蓝筹企业也在风水上花费不菲。建筑师也经常向风水专家请教。据说，赌场的设计者会巧用风水，在赌场内设计一个"坏运气区"。

可如果你请不到风水专家的话，你怎么才能从风水理论中受益呢？——看书。当我最初读到风水书籍的时候，风水理论的概念与我长期的信念——我确信人所处的环境很重要，而且其重要性因人而异——不谋而合，确实让我很吃惊。风水的理论就像你一天中的情绪变化一样。一天中，你总有一段时间状态最好（当然，也总有一段时间状态最坏），所以很可能有某种"环境布局方式"（也就是某种风水）也能让你保持最佳状态。或许，当你处在不同颜色的环境中的时候，当你处在家具风格不同的环境中时，当你处在有大窗子和没有大窗子的房间里时，当你所在的环境有植物或者鸟类等有生命的东西时，你的感受也会有所不同。我觉得，绝大多数人根本不会刻意去想这类问题，不过，我认为你还是应该想一想。

如果你想对风水有一个直观的概念，就让我们假设你办公室的门在表盘上 7 点钟所显示的那个区域，那么，能得到什么结论呢？我们知道 11 点钟所显示的区域代表财富，12 点钟所显示的区域代表声望，而 1 点钟所显示的区域则代表着关系。再比如说，你有一个旧书挡，旧得可能都有缺口、快散架了，这个书挡用来存放关于财富方面的书和杂志，上面布满灰尘。如果你将书和杂志上的灰尘清理干净，只保留一部分杂志，之后再换上一个新书挡。那么，你就将"财富能量"释放出来了，从而你会好运连连。

我想，关于工作环境，我们应该知道这样一个事实：我们工作的空间、工作空间的布局、我们使用的工具、我们看到的物体和颜色、我们听到的声音、我们闻到的气味，等等，都会组合起来影响我们的工作效能，同时也会影响到我们提升工作效能的能力。这是常识，有些环境就是会降低你的思考速度，就是会延迟你对不同刺激的反应速度。如果你想更深入地了解风水，不妨去多了解些好了，为什么不给自己构建一个可以高效工作、更容易取得成功的工作环境呢？

最后——强硬的态度

我从心底里深深地、强烈地、极端地愤恨别人浪费我的时间。我给自己的时间赋予了很高的价值，而且我确信，你为自己时间确定的真正价值会左右人们如何看待你时间的价值以及如何对待你的方式。

我在本书的前面已经谈到过这个问题，在这个观点上无需赘述。不过，需要说明的是，捍卫自己时间不受侵犯的决心非常重要，你的决心决定了你时间的"价码"，同时别人也会据此判断是不是"买你的账"。

当我为他人提供直销、企业管理、激励演讲以及创建企业咨询服务的时候，人们赋予自己时间的价值之低，人们极不情愿捍卫自己时间的行为和不会聪明地配置自己时间的做法，总是让我感到惊异和沮丧。我常听到有人说："我真的没时间，因为……我岳母想给我们一个惊喜，她突然要来造访……我哥们儿鲍勃顺道来看我，待了整整一个晚上……房顶漏了，我必须得修理……"等等，等等。但是，如果你已经安排了重要的事情，如果你决意要做完那些事情，那么你岳母恐怕只能一个人坐在家里看电视了，那么你的哥们儿鲍勃可能会吃个闭门羹，那么你会把一个水桶放在漏雨的屋顶下，而你则可以完全专注于自己要做的事情了。

对那些低估你时间价值的人，你的态度有多么坚决呢？你对自己的约束又有多坚定呢？

13. 为什么一年过去毫无进步？

> 有些人唯一的事情就是变老。
>
> ——美国记者埃德加·豪

我自己都记不清曾经听到过这种话的多少个版本了："我有30年的工作经验——我应该做得更好。"或者说："我工作非常卖力——我应该做得更好。"或者说："我连博士学位都拿了——我应该干得更出色。"或者说："我有了最好的产品——我应该销售得更多。"等等。

我知道，在演讲领域有很多人认为他们比我更出色。是的，他们中有些人的判断是正确的。不过，我取得的成功却常常让他们中的有些人不可理解，甚至充满敌意。有些人总是奇怪，怎么是我，而不是他们在大型集会上面对那么多听众演讲呢？他们会说："我比他强多了。"或者说："我在这个行当里混的年头比他可长多了。"或者说："在这样的活动中，应该让我取代他的位置。"

我想，这些人心态中的最大问题出在"应该"这个词上，

"应该"暗示着"特权"和"先天的资格"。事实上，我们这个国家正在"特权思维"的流毒中腐烂。

每个人似乎都认为自己"应该"得到某些东西。印第安人认为，因为自己的祖先受尽了白人强加的苦难，所以自己应该得到补偿，应该稀里糊涂地就成为免税的百万富翁。少数民族居民认为，按照人口的比例，自己应该天然获得进入大学的资格，理应得到工作，而不管自己是不是够格。女性员工认为，自己应该得到雇主所有的特殊照顾，这样她们就既可以生儿育女、挣钱养家，又能发展自己的事业了，就"什么都不耽误"了。老年居民认为，自己理所当然地应该从政府那里享受到远远多于自己纳税额的钱财，理应享受到免费医疗，不管自己活多久，也不管这些钱到底由谁来出。甚至有这样一位国会议员，他建议每个美国人都应该得到自己的房子，都应该有份工作，我们的政府应该保障人们的这些权利。所谓的"X 一代人"似乎觉得，就是现在，他们什么都不干就应该应有尽有。这样那样的"理所当然"还可以罗列下去。

153

事实上：除了机会，任何人都没有任何先天特权，连走进运动场的先天特权也没有。没有。什么都没有！只有机会。

这也是为什么时间一年又一年地过去，而一个人却毫无进步的原因之一。因为他一直在忙于抱怨世间一切的不公平，一直在忙于顾影自怜，忙于玩味自己的悲伤，根本没时间做什么实际的事情。

但是，正如埃里克·霍弗尔在《真正的信仰者》一书中写的："有很多人找到了很好的借口，对他们来说，这些借口远比成就更有吸引力，因为成就不能让事情永久性地安顿下来。我们还要不断证明，我们今天和昨天一样优秀。但是，当我们有了无所事事的充分借口时，可以说我们的生活就'安顿'下来了。此外，当我们有了不写书、不做画以及不做某些事情的借口时，我们也就有了不写最伟大的书、不画最伟大的画的借口。毫不奇怪，寻找充分借口所消耗的精力以及在寻找借口过程中受到的惩罚，常常远比取得显赫的成就需要的努力和遭受的痛楚少得多。"

埃里克·霍弗尔的论断，是我听到的最杰出、最准确，同时也是最深刻的论断之一。

我 认为：没有哪一个善于寻找借口的人同时也善于挣钱，这两种能力是相互排斥的。

我们来听听那些惯于寻找借口的人的经典表述吧——"如果……我就会……"，"如果孩子长大了……"，"如果一天工作下来不这么累……"，"如果配偶给我更多的支持……"，"如果我受过更好的教育……"，"如果我不是居住在这么一个糟糕的社区……"。他们总是有无穷无尽的"如果"。

写作一本书是不是既艰难又耗时的工作呢？斯科特·特罗——我们这个时代最富有，也是最成功的小说作家之一——的第一部作品，是"零打碎敲"地写出来的，每次只能写一点儿，而写作的时间，则是利用乘火车去法律事务所上下班的时间。我的朋友马克·维克托·汉森和杰克·坎菲尔德写作并自行出版了不知道多少本书、录制发行了多少盘磁带，但很多作品都不为人知。他们的作品在由一家小出版商以《心灵鸡汤》为名推出之前，曾经遭到所有主流出版商的拒绝，理由是："简直就是小儿科空想。"结果我们都看到了，《心灵鸡汤》成了一股不可抗拒的潮流，成了一个帝国，销量令人瞠目。那么，演艺圈子呢？史泰龙曾经只能把自己少得可怜的所有东西存放在公共汽车站的存物箱，只能睡在公园里，在其职业生涯的早期只能四处搜寻食物果腹。

所以，阻碍人们取得进步的首要理由就是：借口。在通往成功的艰难路途上，人们总能找到极好的止步借口，这也是为什么很多人眼看着一年又一年过去了，却蓦然发现，自己依然还在原地的原因。

专注于小事情当然很重要

人们会把时间、精力和资源投入到任何事情上，可是，就是不愿意将它们投入到可以直接带来钱财的重要事情上去，这种行为一直让我惊奇不已。

就在最近，一个家伙听完我的一次演讲以后，迫不及待地跑到后台，买了我一本"引人入胜的市场推广系统"资料。他找到我，兴奋难抑地告诉我说，他从我的演讲中获得了多么大的收益，他对很快就能实施我的策略有多么激动，等等，他还紧握我的手，不停地摇动，简直把我当成了杰克·拉兰尼。之后，像一阵风似的跑了。大约一星期以后，他把那本资料又邮寄了回来，并附着一张便条，委婉地要求退款。原来，他买完资料回家以后发现，他已经有那套资料了，就放在书架上，是一年前在某次讲座上购买的，连资料的包装袋还没有打开。他如何对待我那套市场推广资料无所谓，但是一年的时间里，他每天、每个小时到底都在干些什么呢？到底什么事情能比提升企业吸引新客户的能力更重要呢？

不久前，我为一个小型连锁店业主提供一些咨询服务，他总是要我帮助他，他说连锁店的经营状况不好，可他没钱做广告和其他市场拓展工作。我告诉了他一个简便易行的策略——改变接电话的方式，这种策略会使他的销量翻番。我知道这种策略的效果确实很好，因为已经经过了反复证明。几个月过去了，我问他，我提供给他的策略怎么样。他解释说，他太忙了，还没时间实施。我问他，没时间做什么？他说不清楚，只说很忙很忙。

好了，现在我们谈谈如何集中精力解决问题：如果你发现某个部门存在问题，你应该找到问题所在，并将其中三个最重要、最显著、最能降低你工作效率和工作价值、最能阻碍企业成功的问题写出来，就写三个，要写在书面上。之后，针对这些问题将每天你要付诸的三个行动写下来。

比如，对我来说最重要的事情之一，就是确保总有新客户需要我提供的服务。只要这种对"我"的需要超过我的供应能力，也就是供不应求，我就可以收取更高的费用；就可以坚持在旅行的时候坐商务舱；就可以选择我喜欢的客户合作，同时摆脱那些我厌恶的客户；就可以选择做那些我最感兴趣的项目，而抛弃那些我不喜欢的项目；就可以对我因为放弃生意而留下的"真空"一定会被"填充"充满信心；而且可以去做那些我非常擅长的事情。但是，如果我让人们减少了对"我"的需求，也就是"我"处于供大于求的状态，那么我必须向自己所有的愿望妥协。所以说，确保人们对我的需求不会减少对我来说极为重要。那么，我每天要做些什么事情，才能确保这个"需求—供给"的比率保持在我喜欢的水平上呢？

我不会让一天的时间"白白过去"。任何一天，我都会寄出一封信或者投递出一个包裹；任何一天，我都会接打一个电话；任何一天，我都会发表一篇文章；任何一天，我都会做些有利于我的书持续面市的事情；任何一天，我都会确保能订立高端的演讲约定；任何一天，我都会做些创造和刺激我"生意流"的事情。无论我多么忙，无论我多么疲劳，也无论是不是节假日前的星期五，无论什么事情对我来说都不重要。太阳落山前，我至少要完成一件事情——一件刺激他人对"我"需求的事情。

没有任何事情，也没有任何人能攫取我做那些事情的时间，无论哪一天，无论什么理由，没有例外。

因此，人们对"我"的"需求"稳步增长，甚至超过了我的供给能力。因此，我每年可以不断地提高服务的收费，可以毫不犹豫地摆脱难缠的客户，可以按照自己的好恶，去做那些完全适合自己做的业务。单单是这样一个简单的纪律约束就能值数百万美元。

但是，我敢打赌，如果你跟随那些也有"三大事项"名录的典型企业家观察一段时间，你会发现，在很多天的时间里，清单上的工作他们一点儿都没做。是的，那些天就是枉费的时间。如果这样的时间很多，很自然地，你在今年新年站立的地方一定恰恰是你365天前的那个落脚点。

破解卓越成功人士的成功密码

在我职业生涯的早期，有幸与很多杰出的"成功学教育家"近距离接触，比如，厄尔·南丁格尔、麦克斯韦尔·莫尔茨博士、拿破仑·希尔以及作为同代人的齐格·金克拉和吉姆·罗恩。最近的十年，作为演说家，我常常和吉姆·罗恩、齐格·金克拉、汤姆·霍普金斯和布莱恩·特雷西以及像他们一样出色的演说家站在同一个演讲台上。

吉姆·罗恩是个非常有趣的家伙。你一定在电视上看到过托尼·罗宾斯，可你知道吗？吉姆·罗恩是托尼·罗宾斯最早的"教练"、导师和雇主之一。如果你想真正精通获得良好个人发展的"绝招儿"，你就不得不求助于吉姆·罗恩的理论。当我还是个孩子的时候，吉姆·罗恩的一个观点就让我受到了深深的触动，今天当我听到他谈及这个观点的时候，依然颇有感触。他的这个观点破解了卓越成功人士的成功密码，揭掉了笼罩在成功外面的所有神秘面纱。当你密切留意成功卓著人士——无论他们处在什么领域——行为的时候，你总会暗自思忖：

是啊，难怪他们如此成功呢，看看他们做的每件事情！

你知道，成功并不神秘，这会让很多人大失所望，因为他们原以为成功是高深莫测的事情，正像我们在前面讨论过的。而成功如果真的高深莫测的话，恰好可以作为自己无所作为的最好借口。但是，成功实际上就是你恰当支配自己时间的结果。

现在，我想在吉姆·罗恩表述的基础上添加些内容："……密切观察一下他们每天实实在在完成的一个、两个或者三个事情！"

如果你给我提供以下信息的话，我能很准确地预测你一年后的银行存款情况：

- 现在的银行账户情况。
- 上个月你读的书和听的磁带的目录。
- 与你过从甚密的五个人的基本情况。
- 你每周如何配置时间的简单情况。

顺便说一下，其实，对90%的人的预测都不需要过脑子，也就是说，答案是显而易见的：与去年一样。

如果你恰好颇受触动，那么单单要采取某些行动还是不够的。吉姆·罗恩将改变现状的行动称之为"大规模的行动"。如果你注意观察那些取得卓越成功的人，你会发现他们都是大规模行动的实践者。针对一个问题，他们并不是只尝试一种解决方案，而是同时实施 20 个行动。

有一位牙科医生在听完我的一次周末演讲后给我打电话，告诉我说："我罗列出了要在工作改变的 300 个事项。"每个星期他都完成其中的 10 项，30 个星期以后，他完成了清单中的所有工作，无论那些工作是大是小。结果，他在广告上没多投入一分钱，在市场拓展上的投入也没有任何变化，还是同样的诊所，还是同样的员工，他的营业额提高了三倍。他就是通过采取大规模行动而成功的经典范例。当我给别人讲这个故事的时候，人们的震惊和恐慌反应是在预料之中的——"300 项变革？我还从来没做过 300 件事情呢！"

我曾与艾柯卡共度一小段时间，而且我曾经深入研究过他的经历。艾柯卡并不是只做了一件事情就拯救了克莱斯勒公司的，也不是在某一时期内只做一件事情，而是同时采取大规模的行动。他说服政府帮助公司摆脱困境，他大幅削减公司运营成本，他极力推动新产品研发并适时向市场推出令人振奋的新汽车，他亲自出演克莱斯勒公司的广告片，他亲自走到公众中间，他大胆地实施汽车历史上最有力的保修承诺，他不断与工会和员工谈判，等等。难怪他能力挽狂澜呢，看看他做的每件事情吧！

14. 个人工作顶级效能的常见问题和答案

尽管我从事时间管理的演讲已有多年，不过，近来我的客户、业务通讯订户和朋友就个人工作效能提出的问题，与数年前听讲座的听众所提出来的问题并没有什么两样。在本章中，我就人们最常提出的问题一一解答，我希望这些问题也包括曾经让你百思不得其解的疑惑。

问：我刚刚读了一本书，《不要设定目标》(*Don't Set Goals*)，可是，你坚持认为，成功的企业家都应该设定目标。我自己就不善于制订目标，你认为设定目标真的很必要吗？

答："目标"和"设定目标"是确保取得成功一个非常巨大的"保护伞"。大部分人设定目标的时候，是将目标写下来，通常会罗列出长期、中期和短期目标的某些细节、目录或者目标本身。大部分时间管理的方法都包括罗列每周和每天待办事项这个环节，这个环节实际上也是设定目标。此外，大部分目标设定的策略都会告诉人们，要将目标分类，比如分成：企业运营目标或者职业发展目标、财务目标、个人目标、社交目标、家庭目标、爱情目标、自我提高目标、宗教目标等等。我得说，在成功企业家的群体中，设定目标的人要远远多于从不设定目标的人。

另外，对很多人来说，专心致志回答下列问题的行为本身以及回答问题的过程就能大幅度提高个人工作效能：我真正希望得到什么？我希望三年后我的企业成为什么样子？就我所知，没有哪一个企业家不是"清单制订者"。所以，目标设定的重要性实在无须争辩。当你能驾轻就熟地设定目标的时候，当你能更有效地掌控自己思路的时候，同时当你取得更大成功的时候，你可能会将目标设定的过程大大简化，目标可能会变得更粗略也更宏大。但是，即便如此，你依然可以从这个过程中大受裨益。就我个人而言，我有很多短期、中期和长期的目标，有些目标清晰可辨、界定明确，有些则稍嫌模糊，留有进一步拓展的余地。每个月我都会推进它们，而且至少要检查一次完成情况。

我知道，有些演说家主张大部分人都不必为自己设定目标，他们为什么教导人们不必设定目标呢？这并不难理解，我想，你只要弄清取得卓越成功人士的行为大都是人们不愿意做的就可以对此释然了。实际上，随便进行一个随机调查你都可以发现，90%到95%的人从来没有将自己的目标细节写下来过，也从来没有过这种愿望，这是很少人取得成功最有说服力的论据。当我就这个主题频频发表演讲期间，我曾经向听众突然提出目标设定的问题。同时，我掏出一摞一百美元大钞，并告诉他们，如果哪个人在兜里、钱包里或者公文包里有书面的目标，我会给他一百美元。通常情况下，在有 100 位销售人员和企业家的演讲活动中，我只能给出几张钞票。但是，随后的情况更富启发性：当我稍后向那些得到钞票的人简短提问时，我总是发现他们恰恰是最不需要那张钞票的人，因为他们是在座的人中最成功的。

问：如果你没能完成目标怎么办？或者更常见的，如果你发现自己不能按期完成目标怎么办？

答：我们先来谈谈第二个问题。其实，商务运作就是设定很多目标的完成期限，并努力满足期限的要求。要想按时完成目标，你必须很擅长估计或预测完成目标所需的时间。之后，将那段时间"锁定"，就像我们在前面讨论过的那样，要清楚如何"放权"，如果需要，还要懂得如何获取帮助，最后要有付诸必要行动的自律能力。

如果你知道自己已经无法按时完成目标了，而且不知道下一步该如何做，那么只管去做那些应该做的事情好了。做应该做的事情具有神奇的魔力。我曾经多次与诺曼·施瓦兹考普将军同台演讲，确切地说，他演讲的主题是领导力，不过，他谈到的所有观点都非常适用于将个人工作的效能提升到顶点的过程，因为我们所有人都是自己的领导者。他的一个重要观点其实很简单，那就是：做应该做的事情。是的，我们始终都清楚地知道自己应该做的事情是什么，我们可能并不喜欢那些事情，我们也可能并不想做那些事情，但是我们确实清楚地知道，那些事情到底是什么。而一旦我们做了那些事情，在别人眼里我们就变得高大起来了，同时我们也获得了自尊和前进的动力。

谈到错失目标的问题，我想，在大多数情况下将其称之为"失败"都太过严重了。如果每个志在赢得美国橄榄球联盟总决赛的教练、指导人员和球队，第一次错失了目标就放弃自己的追求，我想，我们每年在总决赛中看到的将永远是那两支球队。事实上，我在职业生涯早期从取得卓越成功人士身上学到的成功秘诀是"不合逻辑"的，但是却屡试不爽，这个秘诀就是：不要重复设定目标，不要回到要求更低的目标上去，相反，要利用全新的、更适宜的机会，制订一个要求更高、也更激动人心的目标。

失败是成功的组成部分。证明这一论断最常被引用的就是贝贝·鲁思的成功，他被誉为"本垒打之王"，以其714个本垒打赢得了显赫声名。但是，他也经历过1330次失败。罗兰·哈斯·梅西在以其现已闻名遐迩的梅西百货公司（Macy's Department Store）为业界上演一个精彩的"本垒打"之前，也曾经历过七次失败。我们在汽车、手电筒、玩具和各种电子设备中使用的电池，不也是爱迪生历经五年的失败之后才研制成功的伟大发明吗？所以，你应该善于从失败中学习，以取得更大的成功。

问：当你"放权"的时候，当你将事情授权他人去完成的时候，难道你不怕出现不可预料的问题、混乱的局面，甚至偷工减料的现象吗？

答：就这个方面而言，不同的领域可能会产生不同的问题。但是，你不应该忘了以下两个监督工作完成的最高原则。第一：表达最好的期望。期望对结果具有巨大的影响力，同时，你对他人表达出的期望也会对他们产生很大的影响。大部分人都比我们想象的更聪明、更有能力，他们只是从来没有应对挑战的机会。不过，还有第二个原则：你应该清楚自己的权力，你要检查他人工作的完成情况。如果你想知道人们在没有考核标准、没有监督的情况下，会出现什么情况，不妨去看一看小说《蝇王》（*Lord of the Flies*）。对工作绩效的度量和考核可以提升工作表现的事实，已经在体育界和瘦身等诸多领域得到了证实。所以，你必须拿捏好放权、鼓励和放任、纵容之间的分寸，必须掌握好监督、批评和事必躬亲之间的火候。

问：放权过程中的最大问题是什么？你如何解决那个问题？

答：放权遭遇的最大问题就是人们的能动性。比如说，你向某人提出了一个问题，要他查阅某些资料或者用其他方式给你找到答案，但是，除非你记着再次提醒他，否则他可能永远也不会去查找资料。碰到这种情况怎么办呢？你得想些办法。你可以做个记录，提醒自己再次提示他。当然，你可以坚持让你的雇员把要做的工作当面写下来，你也可以把所有的工作写进备忘录中，发动一场"文件风暴"。不过，无论使用什么方法，你都必须严格考核。对我来说，能动性是我在与员工和合作伙伴打交道的过程中遇到的最让人头痛的问题。

下面的这个方法，是确保事情不会"不了了之"最保险的手段：为每一个你授权做某些工作的人都建立一个目录，将他所有的工作——事无巨细——都罗列出来，每当他完成一项工作以后，就把它从目录中勾掉。时常查看一下，看看哪些工作进展迟缓。坦率地说，这是一个笨方法，不过，多年来我断断续续使用这种方法的经验表明，这是我找到的掌控工作进展最可靠的手段。

我每天都去办公室工作的那几年，我用情节串连图板的方式管理工作进度。我把办公室的一整面墙都贴上了木板，我在木板上设立了不同的专栏，每一个竖向的专栏留给我的一个同事。平时，我总是装着 1.5×2.5 英寸的小卡片，无论什么时候，也无论什么工作。比如，每当我要某个人寻找一个问题的答案、分配某人一项任务、要某人完成一个项目的时候，我就把相关内容写在卡片上，并钉在墙上。当他们完成工作以后，我再把记录那项工作的卡片取下来。只需看一眼，无论是我还是其他人，都可以很快了解到事情的进展。这种方式的效果简直妙极了。

问：你觉得只做自己真正喜欢做的事情的想法怎么样？有人把它当做取得成功的策略大加宣扬。

答：说实话，我从来都不认同这种策略。在我们的地方报纸上，我就看到过这样一幅照片，画面上一个无家可归的男人正坐在树下看书，照片的说明文字这样写着："这位先生的时间只用在自己喜欢做的事情上：阅读文学经典和与朋友玩扑克。"但是，他却是个无家可归的流浪汉。我认为，只做自己想做的事情是导致穷困潦倒的最好"处方"。不过，将尽可能多的时间投入到某些自己最擅长的事情上，则是抵达个人工作效能顶峰值得推崇的策略。你永远也不可能不做那些你不喜欢的和不擅长的事情。我喜欢演讲，尤其喜欢在听众众多的场合演讲，而且我还喜欢高酬金的演讲。我讨厌旅行，但是我的偏好和愿望并不能为我带来大批听众，所以我"必须擅长"旅行。现在，我依然厌恶旅行，不过我成了一个经验老到、高效，并有很多让自己在旅途中既舒服又方便的窍门的旅行"老兵"。我也不怎么喜欢在演讲台上销售自己的书和磁带，我只想演讲，只想享受人们长时间起立鼓掌的热烈，只想演讲完毕钻进豪华汽车一走了之。但是，如果我想获得在某些场合出场的机会，如果我想让每次演讲都给自己带来2万美元到5万美元，甚至更多的收入，我必须要卖出自己的东西，而且还要深谙销售之道。所以，后来我真的很擅长此道了，以至于我的高妙招数引得其他演说家开出很高的价码，让我帮助他们提高销售技巧。

我读过几位充满空想色彩、思想激进的形而上学的作家的一些作品，他们坚称，即使只做自己喜欢做的事情意味着贫困，也不会为了获得物质财富去做那些自己不喜欢做的事情。他们中的有些人完全是骗子：他们迎合广大懒人的口味，宣讲懒人们喜闻乐见的理念，不过是想让那些人把兜里仅有的一点钱也献给自己。有些人则对自己的信念坚定不移，但是，私下里却对别人的成功妒火中烧。我就认识这么一位悲情满怀的演说家和作家，尽管他声名显赫，不过，每年只能勉强度日。他坚称，自己是幸福的，而且幸福远比拥有物质财富重要得多。但是，当我和他谈起托尼·罗宾斯时，引发了他长达20分钟的大加鞭挞，他对托尼·罗宾斯非凡的财务成功和声望毫无掩饰的嫉妒，揭示出了他的真正欲望。因此，我得出了这样的结论：无论他们的表现方式如何，实际上这些家伙的"布道"不过是满嘴胡言。

真正的成功人士为了取得预期的成果，会做他们应该做的事情，无论是否喜欢。这就是目标导向型行为与行动导向型行为的显著差别。但是，不要误会，每当契机出现时你都应该及时将全部精力转向你最擅长的事情上去。

问：你如何克服拖延和懒散呢？

答：我要知道的话那就见鬼了。我也常常拖拉、懒散，而且我认为每个人都差不多。值得庆幸的是，我耽搁的大都不是什么大不了的事情。比如，我讨厌购物，所以那些不能通过邮购买到的东西，总是到非买不可的地步我才会去商店购买。我认识的大部分成功企业家，常常在时间紧迫的压力下激发出最高的个人工作效率，而且在面对困难工作时，常常自寻或自施压力。我们经常听到的避免拖沓的建议是：先要做那些你最不想做的事情。对我来说，有时候这一招儿很管用，有时候则不灵。我还认为，有些事情你就应该拖拉一些。比如，如果我有了个主意、问题、决定，或者无论什么东西，而我不能马上做出判断，这时候我会有意把它们搁置一段时间，回过头来再来处理。我设置了一个"拖延角"，放些可以以后再看的阅读材料，同时我还有一个"拖延文件夹"，用于存放不需要紧急处理的信件和其他工作计划。常常过了几个星期甚至几个月之后，我才又想到它们，这类东西之多确实让我惊奇不已。

我想，重要的是你要坦诚面对自己。如果你想把某些事情先搁置起来，那就搁置起来吧，不需要在他人面前伪装自己。所以，同样重要的是要始终能掌控、安排和处理对自己具有优先地位的事情，而不是疲于应付那些对别人重要的事情。很多不堪重负的企业家依然抱着"吱嘎作响的车轮更需要上油"——谁叫得更厉害，就先应付谁——的观念，尽管这种心态可以理解，而且也有助于自己企业的生存。不过，秉承这种哲学的人很难让个人工作效能达到最高水平。你应该成为这样的人——能深思熟虑地分配自己的时间，之后尽可能忠于自己的这些决定。

《成功地组建你的小企业》（*Organizing Your Home Office for Success*）一书的作者丽莎·卡娜里克在谈到时间安排的时候，使用了"选择性忽略"这个短语。是的，"选择性"意味着你要能动性地控制自己的时间安排，选择并去做那些适当的事情。

问：我是个推销员，我想知道：我怎么才能有效地向你们这些忙碌异常的人推销呢？企业家和首席执行官们总是一分钟的空闲时间也没有。

答：向我们这类人推销的方式，与向他人推销的方式并没有什么不同，只是需要销售人员更精准地击中我们的"需求要害"。向我们成功销售的关键是"投我们所好"。如果你可以让自己的信息和承诺恰好能消除经常萦绕在我心头的忧虑，恰好能解决我现在最关切的问题，恰好能帮助我实现自己梦寐以求的愿望。那么，请相信我，你要我付出多少时间都可以。可是，大部分销售人员总是太过注重自己的产品，太过专注于销售的过程，而没有更多地想到潜在客户的需求。

你必须完全接受这样一个并不令人振奋的事实：这些忙碌异常的人，对你的产品、你的公司、你公司的信誉和你销售的产品价格丝毫没有兴趣，对哪一方面都没兴趣。在销售的过程中，你必须完全抛弃这类东西，必须有效利用我称之为"引人入胜的市场推广系统"的销售策略，这个策略可以让销售人员将精力集中于潜在客户最根本、最重要的兴趣上。

比如，几年前，关节炎基金亚利桑那分会（the Arizona

Chapter of the Arthritis Foundation）的长期连续电视节目想要吸引更多企业赞助者，我曾经为这一项目提供过无偿咨询服务。那些重要的首席执行官们总是不愿抽出时间约见基金会的代表，因为代表们总是大谈关节炎基金会的情况。我针对这些首席执行官们拟写了另一份信函，告诉他们，赞助这个电视片是公司获得公众广泛认同并树立公司威望的一个全新的、富有创造性的，而且成本低廉的机会，他们参加这个项目的花费，只有投入正式广告费用的四分之一，而效果是一样的。我写的那封信直接激起他们的自我意识，说明了一个符合逻辑的事实，为他们提供了某些新视角，而且直击"软肋"——如果他们没有什么反应，他们的竞争对手则会在竞争中胜出，因为一个行业只要一家赞助商。有些忙碌异常的首席执行官收到信函的当天就打来了电话，联邦快递公司和达美乐比萨店（Domino's Pizza）争相赞助。

　　如果你向我推销某些东西，如果你刚好击中了我六个、也许是七个最让我感兴趣的"要害"所在，那么我会立刻放下手头的任何工作，消除所有的疑虑，并将全部注意力完全投注到你身上。如果你能发现其中的一两个，并将你自己和你销售的产品与这类事情有机地联系起来，你的销售就大功告成了。如果你对我的兴趣所在一无所知，那么我满满的时间表一定会将你排除在外。

问：你如何处理沟通事务？你一定有无数封信函、传真件和无数个电话需要处理。

　　答：你说得没错。我总是收到很多很多信函，为此，我总是快速对它们做出判断并立刻着手处理，而且能扔掉的马上扔掉。

对于那些与我往来频繁的人的信函，我常常在信件、传真件下面或者上面的空白处打印我的回复内容。此外，我还尽可能扔掉可以扔掉的所有信件。尽管作为一个直邮业务从业者，我需要拆阅"垃圾邮件"，不过我在文件夹中保留的这类邮件很少，只留下我需要的某些文件，之后将信封和其他东西一概扔掉。如果我不能马上处理某些信函，我会把它们归入"备忘文件夹"。如果我能就信件的某些内容与人方便地即时通话，我会马上给他们拨通电话。对了，邮件到我手里之前需要先被"过滤"，这样一来，有些事情在我还不知道的时候就由我的助手处理完了。此外，收到信函之后，我还可以授权助手马上处理其中的一部分。你的目标就是要避免让那些你不愿意扔掉但尚未处理、尚未归类或者不知道归入什么类别的信函堆积起来。

说个题外话，当人们问艾柯卡他希望自己同仁拥有的最可贵的一个个人品质是什么时，他说："果断。"当我对照当今的企业——还有政府——的时候，所谓的领导者们在决策过程中以及阐述立场过程中表现出来的无能和勉强，在捍卫自己决策和立场中所表现出来的无能和勉强，总是让我大失所望、沮丧不已。事实上，你做出的决策越多、越快，你的工作效能越高。

问：关于个人工作效能，可能犯的最糟糕的错误是什么？

答：失控。无论做任何事情，也无论任何人，失控都是工作效能的大敌。掌控和效能总是难分难解地搅缠在一起。如果你失去了控制力，你的工作效能怎么可能高起来呢？因此说，你的控制力越强，你的工作效能越高。

如果你把自己的宝贵时间用于处理对他人更重要的事情，那么，实际上你在滑向个人工作效能的谷底。他人的无论什么事情都不重要，不管是不是有人在你办公室门口晃来晃去，不管是不是有人给你送来了一份传真件，也不管是不是有人打来电话，你都不应该让那类事情干扰自己的时间安排。当我还管理着一大队员工的时候，我就曾经听任某些人在我办公室门口流连 20 分钟也不予理睬。最后，他们不再坚持，走开了。当我在家里工作的时候，我养成了这样的习惯，晚上常常边看电视、边看书，同时做些书面工作，并做些以后工作的组织、构思，我喜欢晚上为第二天的工作提前安排。如果我前一天晚上没能安排妥当，第二天早晨的写作时间过后，我首要的事情就是为当天的工作再行组织、分门别类，并确定工作的优先顺序。每一天，人们都会给你带来新问题，都会发生一些预料之外的事情——有好有坏，所以你对自己时间的把握难免会有些松懈。因此，一天即将结束的时候，你要把事情"归拢"一下，以便第二天有个良好的开始。

丹·肯尼迪的时间管理箴言

丹·肯尼迪的时间管理箴言 1

如果你连自己都不知道自己的时间值多少钱，你别想指望别人会知道。

丹·肯尼迪的时间管理箴言 2

时间吸血鬼会永不停歇地吸食你的鲜血，直到你制止它的恶行为止。如果一天下来，你觉得筋疲力尽，那是你咎由自取。

丹·肯尼迪的时间管理箴言 3

如果他们找不到你，他们就无法打搅你。

丹·肯尼迪的时间管理箴言 4

准时赋予人们以力量。

丹·肯尼迪的时间管理箴言 5

利用一切手段判断他人的品行，不过别忘了，别人对你也自有评价。

丹·肯尼迪的时间管理箴言 6

自律拥有不同寻常的吸引力。

丹·肯尼迪的时间管理箴言 7

如果你不能有效管理信息，你就不能从中获益。

丹·肯尼迪的时间管理箴言 8

差不多就足够了。

丹·肯尼迪的时间管理箴言 9

解放自己，是企业家所能取得的最高成就。